普华文化
PUHUA BOOKS

我们一起解决问题

普华心理学应用丛书

餐饮经营心理学

为什么用黑色盘子装意面

[日] 氏家秀太◎著　昝同◎译

人民邮电出版社
北　京

图书在版编目（CIP）数据

餐饮经营心理学 ：为什么用黑色盘子装意面 /（日）氏家秀太著 ；昝同译. -- 北京 ：人民邮电出版社，2019.4（2023.7 重印）
（普华心理学应用丛书）
ISBN 978-7-115-50920-8

Ⅰ. ①餐… Ⅱ. ①氏… ②昝… Ⅲ. ①饮食业－商业心理学－通俗读物 Ⅳ. ①F719.3-49

中国版本图书馆CIP数据核字(2019)第039254号

内 容 提 要

在就餐过程中离开座位去洗手间的女性为何迟迟不归？为何菜单第三行的菜品更受欢迎？麦当劳为何将红色作为其标志性颜色，而麦咖啡又为何选择黑色？选择低价位的宴会套餐是否最实惠？如何在很难预约的人气餐厅订到座位？餐饮店的“人气菜品”越多越好吗？

饮食关乎人类的基本需要。正因如此，人的性格和心理状态都可以反映在其饮食行为上。本书解释了饮食行为中潜在的心理活动，即饮食行为心理学。为了打造人气旺盛的餐饮店，店方需要了解顾客的心理并为其提供优质的服务。从饮食行为心理学的角度，本书讨论了餐饮店的开店准备、菜品质量、菜单设计、店铺装修、员工培训、店铺清洁等细节，并在每章的结尾设置了与饮食行为心理学有关的专栏。

对于餐饮业创业者与餐饮企业管理者而言，本书提供了全面的实战指导；对于大众而言，本书将颠覆你对在外就餐的观念，教会你如何辨别餐饮店的优劣，以帮助你从饮食中获得更多的快乐。

◆著　　　　[日]氏家秀太
　译　　　　昝　同
　责任编辑　田　甜
　责任印制　彭志环
◆人民邮电出版社出版发行　　北京市丰台区成寿寺路11号
　邮编 100164　　电子邮件 315@ptpress.com.cn
　网址 http://www.ptpress.com.cn
　北京虎彩文化传播有限公司印刷
◆开本：700×1000　1/16
　印张：14　　　　2019年4月第1版
　字数：150千字　　2023年7月北京第17次印刷

著作权合同登记号　图字：01-2018-7744号

定　价：49.00元

读者服务热线：（010）81055656　印装质量热线：（010）81055316

反盗版热线：（010）81055315

广告经营许可证：京东市监广登字20170147号

前言

自助餐厅为什么特意选择黑色的盘子而不是白色的？

在就餐过程中离开座位去洗手间的女性为何迟迟不归？

在餐厅就餐时，为什么我们好像会更频繁地选择菜单第三行的菜品？

说到麦当劳的标志性颜色，我们自然会想到红色。这其中包含着怎样的意义？

明明是很难预约的人气餐厅，有些人却总能订到座位，原因何在？

餐饮场所存在着许多秘密，只有多加注意、善于观察的人才能发现其中的奥妙。长期以来，我从事着餐饮店的策划与咨询工作，在这一过程中深入研究了多家餐饮企业的经营环境，并见证了餐饮行业的变迁。创作本书的目的是向大家公开我所了解到的饮食的秘密。

餐饮店形式各异，包括家庭餐厅、日式套餐店、酒馆、寿司店、拉面店、快餐店、西餐厅、高级日式餐厅、咖啡厅、酒吧等。人们进出餐饮店的理由多种多样。从工作角度来讲，有人将其作为款待重要的生意伙伴并与之进行商谈的场所；也有人选择在这里与同事小酌，发发牢骚。从个人角度来讲，我们更是可以列举出形形色色的情景，如闺蜜聚会、联谊、同学会、家长教师联合会、恋人约会、婚庆和丧葬等家庭聚会、孩子母亲们的聚餐，等等。

归根结底，饮食关乎人类的基本需要。正因如此，人的性格和内在的心理状态都可以通过其饮食行为得到反映。在此基础上，如果想要打造生意兴隆或人气旺盛的餐饮店，那么看透顾客的心理并为其提供宾至如归的服务就显得尤为重要了。

当然，关于菜品质量、店铺选址与装潢、菜单设计、员工培训、店铺清洁等要素已存在许多经典理论，但是，餐饮店的经营者只是单纯地照搬这些理论是远远不够的。

虽然本书涉及上述餐饮店经营方面的理论，但本书并非单纯地讲述理论，而是以潜藏在其中的顾客的心理为重点进行剖析。

开篇提到的五个问题反映了人们的哪些深层心理活动？欲知详情，请阅读正文，并且请餐饮店经营者在此基础上应用这些心理，即饮食心理学，进而将更高水准的服务与待客之道付诸实践。

实际上，本书不仅仅是一本餐饮店经营指南。无论是餐饮店的经营者还是顾客，了解饮食行为中潜在的人类心理的方方面面都大有裨益；同时，你还将邂逅各种意想不到的有趣的发现。相信你一旦开始阅读本书，就会惊叹道：“呀，我竟然对此一无所知！”

餐饮店不只是为了满足就餐这一目的而存在的，它还为人们的精神生活提供了场所。请通过本书改变自己对待饮食的态度。此外，如果能了解餐饮店经营背后的秘密，你便可以掌握更胜一筹的餐饮场合社交法，并且将其应用于重要的宴请、商务会谈或约会等场合。

在阅读本书后，相信你将改变对于在外就餐一事的原有观念，你从饮食中获得的快乐也会倍增；无论是工作还是个人生活，甚至你的人生，都会变得更加愉悦。

目录

第三章

为何要在点单30秒内端上扎啤：与时间有关的行为学与身体语言学 // 97

第四章

拥有回头客的秘诀：与服务有关的心理学 // 131

第一章

为何要用黑色的餐盘上意面：盈利餐饮店的“黑色”心理学

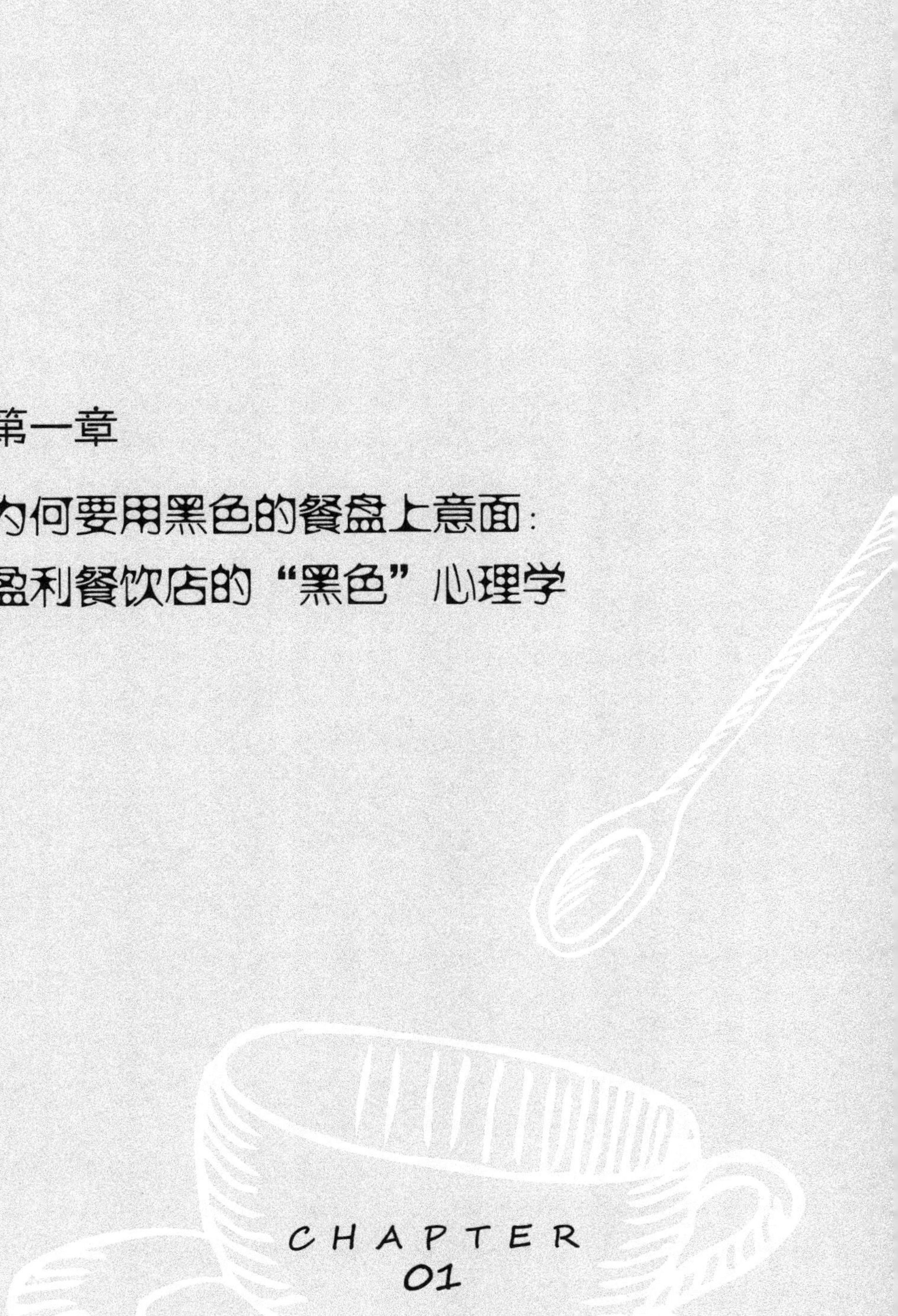

CHAPTER 01

女性顾客一定会悄悄在洗手间做某件事

在餐厅就餐的过程中，女伴离席去了洗手间迟迟不归，等待的一方可能会产生“她怎么还不回来”的想法。想必你也遇到过这样的状况。

你因此思前想后，坐立不安，并且产生了“我是否该去看看”或“她可能遇到了麻烦，我得去帮她”之类的想法。如果你身为女性，这样做倒也无妨，但如果你身为男性，闯进女士洗手间自然是不合适的。就在你不知如何是好时，她却若无其事地回到了座位！

由于接到过许多诸如此类的咨询，我的公司曾进行过关于“女性顾客使用餐饮店洗手间的原因”的调查，调查的概要如表 1-1 所示。我将在后文对调查的结果进行说明。

表 1-1　女性顾客使用餐饮店洗手间的原因的调查概要

调查对象	光顾餐饮店的 20 ～ 40 岁女性 300 名
调查地点	“Curve 隐屋”东京及周边地区店铺（店内问卷调查）
调查项目	**问题 1**　除通常用途外，你是否因其他原因使用过餐饮店的洗手间？具体原因有哪些？ **问题 2**　问题 1 中有哪些原因是被多次重复的？ **问题 3**　你对餐饮店的洗手间有哪些要求？

注：问题 1 与问题 2 中被选出的项目记 1 分，在问题 3 的回答中，与问题 1 被选出的理由有关的项目记 1 分。

女性顾客选择店铺的首要理由

一直以来，女性顾客更乐于光顾某家餐饮店的首要原因便是“洁净”。然而，这一概念并不等同于“清新脱俗”。为追求清新脱俗而过于重视时尚要素的店铺会给人留下档次过高的印象，令顾客望而却步。

近年来，餐饮店无须再花费高额的费用便可完成内部装潢，因此，为了在不投入过多成本的前提下令店铺显得洁净、雅致，店方就要在内部装潢的设计上多花心思。当然，只满足于洁净和雅致还远远不够。针对女性顾客的需要，餐饮店还要突出“洁净感”。

“洁净”与“洁净感”看似相同，实则存在一定的差异。前者针对实际状况而言，后者则侧重于顾客的主观感受。不能带给顾客洁净感的餐饮店生意不会很好。这种倾向在女性顾客身上体现得尤为明显。对餐饮店而言，保证店内的清洁是极其重要的。一旦沾上灰尘或指纹就会很显眼的窗户和镜子要擦拭干净。为避免给顾客留下邋遢的印象，店方需格外注意，收银台及其附近的区域要保持整洁。这里所讲的清洁是指一种洁净、安全、舒适的状态。实际上，我在餐饮店进行实地考察时最重视的便是店面的清洁。举个极端的例子，在考虑如何改善店铺入不敷出的经营状况时，我一定会反复要求店方彻底落实店铺的清洁工作。

由于餐饮店要为顾客提供食物，因此其清洁工作必须做到细致入微，力求达到一尘不染的程度。清洁状况不佳会直接导致餐饮店的营业额下降，但从实际情况来讲，这并不意味着只要做好清洁工作，餐饮店的营业额就会随之上涨。

店方若希望带给顾客“洁净感”，就不仅要全面、彻底地做好清洁工作，更要考虑店铺整体的空间所营造出的氛围。

说句题外话，尽管现在麦当劳的经营陷入了窘境，但一度有很多餐饮店都将其视为清洁工作的榜样。曾经，麦当劳旗下的店铺经营者会将 100 日元的硬币藏在店内各个不容易被打扫到的角落里，员工在找到硬币的同时（找到的员工会获得奖励）需要将这些地方打扫干净。这种策略足以证明麦当劳对清洁工作的重视。

如今，麦当劳的清洁程度反而非常低下，我认为可以将这种状况视为其当下经营状况萎靡不振的原因之一。在我看来，近年来麦当劳发生的食品原材料方面的问题与食物中混入异物的问题，都是其疏忽清洁工作所造成的后果。追究该企业清洁程度低下的原因，想必是在其总公司进行的商品开发与促销计划取得成功的基础上，各分店只将注意力放在了产品销售上，却忽视了餐饮店经营的基本要素——清洁。我认为如果麦当劳能以回归本源的态度重新审视问题，那么该公司的经营状况就会得到明显的改善。

言归正传，对当今的餐饮企业而言，在极力保持洁净的基础上，店方还需将洗手间的环境和功能都纳入考量的范畴。近年来，洗手间的存在形式与其功能都发生了剧变。

我的公司实施的另一项问卷调查显示，女性顾客在选择餐饮店时最看重的三大因素是“店内的环境”“洗手间”与“禁烟”。

曾经有人对日本与众不同的洗手间进行过报道。尽管我也曾打造过别具一格的洗手间，但下面的这些设计仍令我感到瞠目结舌。

- 虽然洗手间四周立有围墙，但其外墙由玻璃制成，令使用者感觉自己可能会被人看到。
- 洗手间的顶部、地板和四壁均用玻璃制成，周围像热带雨林般布满植物，甚至连透明的地板下也满溢着绿色，让使用者坐立不安。
- 洗手间整体看似欧洲风格的浴室，放置着白色大浴缸与华丽的日用品。马桶被静置在洗手间的深处，而白色的浴缸则实为洗手池。
- 洗手间内的小便池上方挂着女性摄影师的照片，让使用者产生被女性摄影师从上方窥视的感觉，令其心神不宁。

尽管上述不可思议的设计只是特例，但洗手间确实是顾客在选择店铺时经常会纳入考虑的因素。正因如此，以餐饮店和酒店为首的服务型企业围绕洗手间采取了各种行动，使洗手间在近年得以不断“进化”与“深化”。洁净感是顾客对于餐饮店理所当然的要求，这种要求带来的不是洗手间在形式上的改变，而是在使用方式上的改变。随着使用方式的改变，洗手间的功能才得到了深化。

回到前文提到的问卷调查。就“女性顾客在洗手间里做什么”这一问题（满足生理需要除外），调查结果显示的洗手间的十大用途如表 1-2 所示。

表 1-2　女性顾客使用洗手间的十大理由

项目	得分
第一名：补妆（化妆）	533 分
第二名：发信息	192 分
第三名：换丝袜	189 分
第四名：换衣服	182 分
第五名：考虑事情（私生活方面）	124 分
第六名：休息	121 分
第七名：阅读店内广告	94 分
第八名：打电话	89 分
第九名：用手机上网	88 分
第十名：吃药	67 分

在洗手间里做深蹲

我的公司曾多次开展类似的问卷调查，以往从未进入过排名的“休息”在本次调查中出现在了第六名的位置上。除此之外，“发信息”上升到第二名的位置。由此可见，近年来女性顾客使用洗手间的方式发生了明显的变化。“休息”这一需求急剧加大，究其原因，首先，立食[①]餐饮店不断涌现，单纯地希望在洗手间内小憩的顾客随之增多，这种行为模式的频繁出现在很大程度上造成了“休息”的排名上升；其次，近年来餐饮店内的洗手间更宽敞与洁净，这使得顾客更容易选

① “立食”为日本常见的一种餐饮店形式，此类店铺的店面通常相对狭小，故而不提供座椅，只有站席，满足了顾客快速完成就餐的需求，同时大幅提升了翻台率。——译者注

择其作为休息的场所；最后，与同伴之间的关系所带来的压力使有些顾客需要在就餐过程中暂时离席，到洗手间做一时的逃避。“发信息”这一用途与之同理，由于就餐时不便在同伴面前使用手机，所以有一些顾客会选择到洗手间使用手机。

最近，越来越多的顾客将洗手间作为用手机打电话、发信息或上网的场所。此外，在洗手间换衣服和换丝袜这两种用途的排名如此靠前也令人颇感意外。我参与策划的一家餐饮店曾经发生过马桶堵塞的情况。经过维修仍未解决问题，店方便对管道进行了检查，结果发现造成堵塞的原因竟然是大量的内衣。我不禁产生了“用马桶冲走内衣的原因何在”这一疑问。女性使用洗手间的方式真令人费解。

对于上表中的十大用途，恐怕以我为代表的男性都会在心中暗自诧异：“女性经常在洗手间里做这些事吗？”在本次调查中，除了表 1-2 中列出的十项内容，回答“运动”的人也不在少数。确实曾有女性店员发现女性顾客在店内的洗手间里做深蹲运动。除此之外，补妆在本次调查中一如既往地保持在第一名的位置上，这正说明了对于女性而言，仅能满足“方便”这一需求的洗手间是远远不够方便的。

Q（Quality：质量）、S（Service：服务）、C（Cleanliness：清洁）曾经是餐饮行业格外重视的三大要素，人们一度认为在这三个方面达到高水准便可令店铺生意兴隆。然而，如今的餐饮店还必须将 A（Atmosphere：空间塑造）纳入考虑。在过去，人们经常强调通过“查看洗手间”来确认清洁工作是否到位，但如今的餐饮店只做到这一点还远远不够。为满足顾客的需要，餐饮店的洗手间不仅要保持洁净，还要在此基础上具备能令使用者感到舒适与便利的新用途。

最近，某大型美食网站的搜索条件中加入了“有女性化妆室”这一项目，这也从侧面反映出女性顾客对于化妆室的关注程度在逐渐提高。在表 1-1 的问题 3（对洗手间的要求）的回答中，很多内容都与便于补妆有关。因此，店方应更加重视女性的补妆需求并积极采取相应的举措，如提高洗手间的照明亮度等。

顺带一提，在女性顾客对于洗手间的要求中，较集中的项目如下：

- 灯具要足够明亮，最好是白光灯；
- 希望有可以放置化妆包的空间；
- 希望可以免费提供吸油纸、棉签等辅助化妆的工具；
- 希望提供牙签；
- 有大镜子；
- 洗脸的空间要独立出来；
- 有椅子；
- 最好有单间；
- 希望能相对宽敞；
- 有装备齐全的化妆环境（有简单的化妆品、吹风机、一次性牙刷等）；
- 环境宽松、舒适；
- 把物品放在镜子前也不会被淋湿；
- 男女分开。

盈利餐饮店会特意在宣传中加入负面信息

让我们换个话题。商家在经营过程中会竭尽全力地向顾客进行口头宣传，并且在广告中着力宣传商品的优点。

然而即使采用这种做法，商品的实际销售情况也不甚乐观，菜品的宣传也是如此。“这是今天捕捞上来的新鲜大虾，您看如何？或者您要不要来点鲍鱼？”即使店员如此极力推荐，顾客也不会顺势下单。即便重新审视宣传语，也找不到明显的不当之处，无论广告语还是菜品自身的特色都没有问题，卖点也得到了突出……尽管如此，顾客却仍不买账。

你在外就餐时可能有过类似的经历：还没开始点餐，服务员就端来了装在笼子里的新鲜海鲜并向你推荐。面对这种情况，恐怕多数人都会拒绝。但是有一种宣传方式却能让顾客不断下单，这是因为隐藏在宣传中的“调料”发挥了作用。让我们举例说明。

“这种食材进货很少，因此每位顾客仅限一份！”

在这句看似不经意的话语中，有“调料”在发挥着作用。我将在下文中详细介绍这种加入了“调料”的宣传方式。

使用第二人称向对方暗示“我很重视你”

为了吸引顾客，餐饮店通常会通过展示菜品的优点来帮助顾客想象食物的美味，为其留下良好的印象，最终吸引顾客来店就餐。

诚然，为了说服对方，提供有用的信息是不可或缺的一环。然而，仅提供对对方有利的信息就能顺利地让顾客进店用餐吗？答案是否定的。为了促使目标顾客进店点餐，店方有必要掌握下文列举的提高说服力的两项技能。

1. 首先要向对方传达点餐或进店的理由

归根结底，人们的购买欲与三个关键要素紧密相关——健康、金钱与性。这三个要素是人类消费行为的根源。三要素的优先等级由消费行为的主体决定，一旦明确了消费主体，其优先顺序不言自明。中老年群体最重视的要素想必是健康。随着年龄的持续增长，由于要面对退休金和医疗开销等问题，人们关心的重点则有可能转向晚年生活所必需的金钱。

2. 向对方发起对话时要使用第二人称

由于人在被叫到时自然会回头。因此店方应在宣传文案或促销对话中加入“某某女士 / 先生”或“您好”等用语，以达到直接向对方诉说的表达效果。

比起“请随我到这边就座”，“某某女士 / 先生，请您随我到这边就座”的说法更容易引起对方注意，同时能使其感到店方是将其作为与其他客人有所区别的个别顾客，即“个客”进行接待的。某家旅馆规定，从迎接顾客进门到晚餐结束的过程中，其员工要至少提到顾客的名字九次。这也是为了向顾客传递店方希望将其作为“个客”（而不仅仅是众多来客中的一名）来接待的态度。

借助负面因素自然地凸显菜品的稀有性和店方的真诚

除了上述两项提高说服力的技能，店方还可以巧妙地借助负面因素吸引顾客进店。具体方式有以下两种。

1. 加入具体的数字来吸引顾客进店

“产地直送，10 小时到达”“本日限量进货 100 个，仅剩 20 个”。在表述中加入具体的数字，信息的可信度将会得到提升。

2. 正面信息与负面信息相结合增加信任感

如果店方希望打破顾客心中的壁垒，那么仅靠宣传是远远不够的，还有必要向顾客提供对其有益的信息。

想要做到这一点不能只依赖正面信息，而是要有意识地将负面信息也加入其中。提高说服力的一大技巧便是将正面信息与负面信息巧妙地结合起来。

例如，店方在希望顾客对其产生信任感时，随着店方有意加入程度较轻的负面信息，宣传（正面信息）的可信度会得到提升。以“这种食材无法大量进货，因此每位顾客仅限一份”这句宣传语为例，虽然“进货不够充分”属于负面信息，但它在这里被转变为了“稀有性”这一正面因素。实际上很多顾客听到这样的说法都会不由自主地想要点这道菜。

如今仅仅采用低价促销的手段是难以吸引顾客下单的。这就意味着店方只有让顾客理解该菜品值得品尝，才有可能令其产生下单的意愿。

类似上文所说的提高说服力的方法多种多样，其中第二点尤为重要。

所有餐饮店都希望只将好的信息传递给顾客。然而，如果店方一味地突出好的一面，就难免让顾客萌生“不会有这种好事”的想法，并且开始怀疑店方有可能是在借此掩盖负面因素。因此，店方在试图说服顾客时有必要适度提供一些负面信息。

“实际上这件商品是因为过时才降价的”，这种说法可以使顾客产生“特意告诉我负面因素，店家真实在”的想法，进而使其相信“如此实在的店家提供给我的信息一定能派上用场”，反而使店方赢得了顾客的信任，并且因此提升了说服力。

“今晚 6 点开始限量销售 100 个”一类的促销频出的理由

如上一节中谈到的在表述中加入具体的数字有助于提升说服力。

餐饮店在考虑促销活动时经常要面对的一大难题是宣传内容的

选择。“啤酒的价格低廉”“商品的设计广受好评”“只为丰富你的生活”……对店铺或商品而言，诸如此类的卖点可谓不胜枚举。然而由于类似的宣传随处可见，任何一家店铺都可以将其作为卖点，加之其表达较为抽象，因此如果店方只将宣传停留在这种程度上，就难以建立差异化优势。

换言之，如果店方希望自家商品的卖点更具说服力，那么店方就要重视表达的具体性。

“90% 以上的人”“在 1 个月内发生的变化”“最好的 1/125 秒快门”“减重 5 千克”，在商品的促销活动中，此类包含具体数字的广告语屡见不鲜，这种做法就是为了给顾客留下更具体的印象。与之相反，“大部分”或“短期”等笼统的表达则很少出现。

在挖掘店铺或商品的卖点的基础上，如果店方能采用这类引人注目、具体、令人印象深刻且一目了然的方式将卖点表达出来，就可以在竞争中获得差异化优势。将卖点转化为数字是达到这一目的的有效方法。因此，餐饮店有必要把着力点放在用数字来具体表现自家店铺的卖点上。

那么，究竟使用怎样的数字才能给顾客留下深刻的印象呢？

从数字大小的角度来讲，越大的数字效果通常越明显。然而在某些情况下，小数字可以突出商品的稀有性。从时间远近的角度来讲，久远的时间的出现频率更高，如“创业于 20 世纪 20 年代”等。而较近时间的使用则以“最早的 1 名”“1 周年纪念”等方式为代表。下文罗列了一些使用数字的宣传语示例。

- 创业 50 年
- 设有 200 个座位
- 有 40 名员工为您提供服务
- 累计接待 10 000 名顾客
- 10 年秘制酱汁
- 顾客回头率 99%
- 日销量突破 100 份
- 营业 20 周年
- 设有 30 个单间
- 在法国磨炼厨艺 8 年
- 前 10 名顾客
- 限量 10 个
- 录取率 90%
- 下单率 80%

然而对于部分餐饮店而言，上表中列出的任何一项可能都不适用于其经营状况，因此无法为其搭配合适的数字。对于这种情况，请利用客流高峰时段的数字进行宣传。举例来说，假设一家店铺每天的来店人数为 80 人，在客流高峰时段来店人数为 60 人，那么采用“1 小时内有 60 名客人光顾本店”的广告语就可以有效地提高宣传的影响力。

“第一”或“头名”一类的数字也能带来显著的宣传效果，因此强调这一点的店铺也不在少数。

然而，也有一些店铺明明是名副其实的第一，却最终落得停业的结局。这是因为如果店方不能通过有效的宣传令顾客接受，那么煞费苦心得来的“第一”便会沦为店方自命清高的写照。

话虽如此，近年来餐饮店开业和停业的速度如此之快，以至于在每年出版的餐饮店指南中被介绍到的店铺里，大约有 1/3 在两三年后就会结束经营。能被收录进指南的店铺想必生意兴隆，却仍然会遭遇这般窘境。实际上，如今的餐饮行业所面临的形势十分严峻，新开业的店铺中约有半数会在一年后关门停业。

“日本第一难吃的拉面”这一广告语可谓独树一帜。与之类似的还有“最难吃”或“第二美味”等广告语。为了与“第一”相抗衡，这些宣传语反其道而行之，依靠标新立异来吸引顾客。大体上讲，即使号称“难吃”，绝大多数餐饮店也对自家的菜品信心十足，因此才会特意从反面入手进行宣传。

除此之外，有些生意兴隆的店铺会突出稀有性和具体性。例如，将时令菜品的价格设定为平时的一半，并且辅以“限量供应蒲烧[①]鳗鱼 100 份，每份低至 300 日元，今晚 6 点开始供应”的宣传语。想必对顾客来讲这会成为难以抵抗的诱惑！

① “蒲烧”是日本的一种烹调形式，属于“照烧”的一种。将鱼身较长的鱼剖开并去骨后穿上竹签，加上用酱油、砂糖、酒等调味料调和而成的酱汁后于火上炙烤。——译者注

随意的评价也能赢得信任的原因

如果说话的一方能发挥提问的能力，就可以令另一方感觉自己得到了理解。做到这一点的关键在于随意地做出评价。尽管是随意而为，却能为自己收获好感。

在餐饮行业，有些员工面对任何一位顾客都能顺利地展开对话，即使是初次见面也能与对方相谈甚欢。这类人正是掌握了“随意的评价”这种会话技巧。我将在下文中详细说明。

首先请完成一份问卷。请结合自己的情况对下表中列出的各个项目进行1～5分的5级评分，非常符合记5分，完全不符记1分（见表1-3）。

表1-3　性格测试的实例

项目序号	项目内容
项目1	你希望获得他人的好感，并且被他人称赞，但同时你也存在自我批评的倾向
项目2	你尽量采取客观的态度分析事物，但有时循规蹈矩的工作会令你感到棘手
项目3	即使存在缺点，你平时也努力尝试将其克服
项目4	你可以通过直觉看清自己所处的状况并照顾到周围人的感受，但当你在庞大的组织中偶尔受到干扰时也会心生不快
项目5	你拥有不止一项没有得到充分发挥的才能
项目6	在人际关系方面，你本着以和为贵的原则尽量与他人进行协调，但有时你会因此被认为不够积极主动
项目7	从外表看来你不会进行自我反省，但你在内心很容易感到烦恼与不安

（续表）

项目序号	项目内容
项目 8	有时你会怀疑自己的判断或行动是否正确
项目 9	你希望做出一定程度的改变，但当你受到限制或遇到阻碍时又会心生不满
项目 10	你将为他人全力付出视为己任，或者能够通过此类行为获得自我价值与幸福感。同时，你的性格中也存在不善与人交往或腼腆、细腻的一面
项目 11	你有善于交际且待人和善的一面，但有时也会变得内向并对他人采取谨慎的态度
项目 12	你的梦想中存在稍显不切实际的内容

我曾以自己作为主讲的研讨班的 300 名学员为对象对本问卷进行统计，要求参与者根据问卷中的每项内容是否符合自身情况做出 5 级评分。在各位读者看来，平均分会是多少？

结果竟然在 4 分以上，达到了 4.14 分！这就意味着受测者认为该问卷中的多数项目都与自己的情况相符。造成这种结果的原因何在？

实际上，这份问卷是我参考其他性格测试设计而来的，其内容包含了各个问卷中分属于不同类型的性格特征或人格特质。换言之，即使是随意将不同类型的性格特征或人格特质拼凑在一起，大多数人也依然认为这些描述与自己非常符合。

这种方法参考了美国心理学家伯特伦·福勒（Bertram Forer）在 1948 年进行的实验。该实验表明，对于一个放之四海而皆准的一般性的人格描述，人们会倾向于认为它是为自己量身定制的，并且全盘接受它，这种倾向被称为“巴纳姆效应”（Barnum effect）。此外，“冷读术”（Cold Reading）这一对话技巧也可应用于餐饮店员工与顾客的交流过程中。所谓“冷”，是指说话人事先并不了解对方的情况；所谓“读”，即解读对方的内心。即使对对方一无所知，我们也可以在对话的过程中结合观察，在不经意间打探出与对方有关的信息，这便是“冷读术”。作为试探，使用这一技巧的人首先会不断地向对方抛出普遍适用于任何人的问题，并且随后将切中要害的信息加入对话。这样一来，对方就只会对说中的内容有印象，并且将其储存在记忆中，而没有说中的内容则大多会被遗忘。这就是所谓的“选择性记忆效果”。

出色的餐饮店员工会在充分了解这一技巧的基础上适度地向顾客抛出随意的问题，并且借此拉近与对方的距离。

请你参考表 1-3 中列出的项目，对初次见面的人进行“随意的评价”。至于评价的内容，可以从对方的性格入手。例如：“虽然你总是乐于与人交往，但其实也有细腻的一面呀！”“虽然你活力充沛，但内心也不乏温柔的一面。”诸如此类适用于任何人的正面评价。

实际上这种技巧是对心理学的应用。对于适用于任何人的笼统的、一般性的性格描述，人们会将其理解为只适用于自己的特质。即使你只是随意地评价了对方的性格，由于对方认为自己的性格被你说中，对方便会产生“这个人了解我”的感觉，并且因此对你信赖有加。

凭借意外感吸引顾客

能为顾客提供惊喜的店铺更容易吸引回头客。一直以来，意外感都是备受餐饮店重视的主题。

“今天店员整齐地穿着厨师服”“说起来，上次我来这家店时店长似乎穿着夏威夷衬衫”“今天的推荐菜品是红酒炖鸭肉，这不是法餐吗”“这家店总有出人意料的新花样”。像这样每次都能让来客感到意外的店铺确实存在。

强加于人的方式无法带来感动

为了盈利，单纯地模仿成功的范例是远远不够的，商家必须考虑如何提高商品的附加价值，要想做到这一点，关键是制造意外感。令人感到意外的广告语和商品更容易成为人们热议的话题，进而使商品在不知不觉间大卖。

特别需要注意的是，比起上市之初就备受关注的商品，在之后成为热议话题的商品更容易成为社交媒体上的热点。这种体验后倍感意外的效果也是商家在开发产品或提供服务的过程中应予以重视的要点。

当然，此处谈到的意外感不是指辜负了顾客的期待而使其大跌眼镜。

如果商家希望生意兴隆，就必须带给顾客超出其预期的满足感。这种意料之外的满足感会令顾客心生感动。然而意外感并不等于以强加于人的方式催生的感动，商家要避免以这种生硬的方式向顾客提供服务或产品。

我曾经和女伴一起到某家著名的西餐厅就餐。在入口处，我受到了餐厅经理彬彬有礼的接待。在其引领下，我穿过灯光微暗且装饰得颇为雅致的走廊，来到了面积足有300平方米的用餐区域。此时，餐厅经理突然停下脚步并大声宣告：“氏家先生等两位客人到店！欢迎光临！”随后，在场的其他员工都饱含热情地以与店内氛围格格不入的高声重复着“欢迎光临”。

再比如在某家意式餐厅，负责领位的女性店员在我落座后来到我面前，并且指着身上的名牌介绍说：“我的名字是……”我仔细查看，却发现名牌的设计十分花哨，与意式餐厅的风格大相径庭。这种反差也令我产生了意外感。

上述两例中确实都存在意外之处，却不会引发顾客的丝毫感动。意外感绝不等同于将店方的态度强加于人或单纯地让顾客大吃一惊。没有理解这种差异的餐饮店员工不胜枚举。

“感动”是餐饮店惯用的主题。自2011年的东日本大地震以来，社会开始普遍关注与情感要素有关的事件。事实上，在此次大地震之前，“感动”这一主题就早已成为餐饮业的焦点了。餐饮店打动顾客的方式经历了以下三个阶段的变迁。

第一阶段（强加于人型）：为了使顾客满意而竭尽全力地打动顾客。

第二阶段（策略型）：摆脱经营规范的束缚，站在每一位顾客的立场上为其打造量身定制的感动。

第三阶段（共享感动型）：重视双方的立场，在理解对方意向（向顾客分别提供建议）的基础上做到共享感动。

从年代的角度讲，将令顾客感到惊讶作为重点的泡沫经济期是第一阶段；从开展“酒馆甲子园”[①]的经济回暖期开始到大约十年前为第二阶段；东日本大地震后到现在则是第三阶段，这一阶段的主题逐渐发展为“共享感动”。

在这样的时代背景下，为了能加深顾客与店铺间的情感联系，引起双方的共鸣，并且打动顾客，我让自己服务的店铺以“4E”为主题，所谓4E，即Enthusiasm（令人感动的热情）、Entertainment（感情设计）、Engagement（建立情感联系）和Experience（创造体验）这四个英语单词的首字母。

Enthusiasm既非技巧也非理论，而是指努力挖掘最能点燃自己内心的热情之火的感动。Entertainment是指在设计中做到超出对方预期的程度，准确切中对方的期待，并且超越对方的想象。Engagement是指

① “酒馆甲子园”是由同名团体主办的一项竞争性活动，始于2006年，其宗旨是“通过酒馆振兴日本”。活动每年从全国各地报名参加的酒馆中选出优秀的店铺，这些店铺就自己的理念与经营等内容进行演讲，并且以此决出日本第一的店铺。在2018年的活动中，共有1768家店铺参与评选。——译者注

把与顾客建立更牢固的情感联系放在首位，不要考虑销售的具体商品，而要考虑销售的目的。Experience 是指不要将注意力放在顾客点餐的内容或消费水平等方面，而是要重视令顾客获得满足感的就餐体验。

在经营中实践 4E 理念的餐饮店更容易提供令顾客感动的服务。我希望餐饮店可以将 4E 理念作为基础，将无关策略的自然的感动馈赠给顾客。

借助意外感超越对方的期待

下面几个例子中提到的餐饮店都在菜品上制造出了意外感。

- 顾客在关西风格的日式什锦烧店就餐时可以点其他店铺的外卖，品尝到各种美味。
- 位于市中心的某家酒馆的老板拥有在法式餐厅学习的经验，能在酒馆里品尝到法式菜肴的意外感使得该店备受女性顾客的青睐。
- 某家寿司酒馆从女性的视角出发，在菜单中加入了“自选食材寿司”。顾客可以选择自己喜欢的食材让厨师做成寿司。这种创造性给顾客带来了超乎想象的意外感。

这类成功借助意外感吸引顾客的事例有哪些共同之处呢？对于接受服务的一方而言，它们都超越了顾客的期待。换言之，接受服务的一方从未想到还有这种可能性。

服务分为主要服务和附加服务两种，从这二者的差异入手来考虑意外感中隐藏的玄机或许会更容易理解。举例来讲，你计划带约会对象去游乐园玩，进而让对方获得快乐的体验，这是主要服务。为了博取对方的欢心，无论是谁都会想尽办法提高主要服务的质量。然而，由于接受的一方对主要服务抱有较高的期待，因此仅凭这一点恐怕难以令对方感到满足。

在这种情况下，附加服务就获得了体现其价值的机会。附加服务是指在主要服务以外给对方提供的服务。例如“男朋友在约会时送了我一束花作为惊喜”或“为来美容院打理头发的顾客免费提供香草茶”。无论哪种情况，在接受的一方没有预想到这种服务的前提下，伴随着意外感产生的喜悦之情便会转化为强烈的满足感。

准确切中对方的期待，并且超越对方的预期，在进行设计时要以此为基础。这里提到的设计不是指印刷品的版面设计，而是对自己要采取的行动进行设想。给对方留下印象的关键是经常设想自己要如何回应对方的期待。需要牢记的一点是，这种行动的目的是为了给对方留下印象，进而加深自己与对方的情感联系，而不是单纯地出其不意并让对方大吃一惊。

由此可见，店方需要时刻考虑的不是为了与顾客建立更牢固的情感联系而销售的具体商品，而是销售的目的。店方需要远远超出顾客的期待，考虑顾客期待的是怎样的服务，以及与之相关的商品有何种效用。在此基础上，更重要的是顾客会如何享用这种商品，在这个过程中又会获得怎样的体验。一定要将意外感与好的体验结合在一起来思考。

例如，“在酒馆品尝超低价的法餐！搭配多种美酒，畅享法国风情”。与之类似的服务能使顾客产生出乎意料的惬意之感。

如果店方在顾客每次来店用餐时都能以不同的方式令其感到意外，那么店铺的附加价值就会得到提高，进而将顾客发展为常客。

麦当劳和麦咖啡分别选用红色和黑色的原因

超市卖场的入口附近通常会设置销售水果或蔬菜的摊位。餐饮店的入口区域也经常配合季节进行装饰，并且陈列五彩缤纷的食材、海鲜和蔬菜。这是基于人类的心理特点进行的一种促销规划。

色彩会对人类产生多种多样的影响。在商业经营中，人们也在色彩的使用上煞费苦心。与之相关的技术被称为“色彩调节”。为了改善生活，人们会自主地对周围环境（住所或职场）的色彩进行调节，以提高舒适程度。

红色和橙色等暖色系的色彩能带给人温暖、积极的感觉，因此常被家庭餐厅和咖啡厅等餐饮场所应用于内部装潢、菜单设计乃至食物搭配等方面。与之相反，青色和绿色等冷色系的色彩能给人冷静、清爽之感，因而常见于酒吧和西餐厅一类的餐饮场所。

本节开始提到的例子同样应用了色彩引发的心理效应。餐饮店在入口处陈列五彩缤纷的应季食材，其目的是借此调动顾客的情绪，使其为之动心，进而提升其进店消费的意愿。

与色彩的选择类似，店内背景音乐的选择也是店方深思熟虑的结果。不久之前，餐饮店内的背景音乐主要来自有线广播，曲目的选择因此受到了较大的限制。然而，现在越来越多的餐饮店放弃了曲目被事先决定好的有线广播，转而使用店内的设备播放与店铺风格相符的乐曲。

随着电子音频播放设备和高解析音频的普及，希望提高店内音乐质量的餐饮店不断增加。这一趋势与现存的第三次咖啡热潮[①]共同作用，使越来越多的餐饮店开始追求符合自身经营模式的背景音乐。

不同的背景音乐会产生不同的效果。例如，快节奏的音乐能缩短顾客在店内停留的时间，而慢节奏的乐曲则可以延长顾客在店内停留的时间。有效利用背景音乐可以带来更多的追加订单，进而提升营业额。

美国的市场营销学教授罗纳德·弥利曼（Ronald E. Milliman）通过研究证明了背景音乐的这种效应。在他进行的实验中，当某家超市播放快节奏的背景音乐时，店内客流的移动比播放节奏舒缓的背景音乐时更顺畅，超市的营业额因此而上涨。造成这一现象的心理机制在于，当听到节奏较快的背景音乐时，人的活力和积极性都会增加；与

① “第三次咖啡热潮”在21世纪初起源于美国，是指人们开始重视咖啡自身的价值，并将其视为兼备手工艺特性的高级食材的一种趋势。基于此，人们对于咖啡豆的种植、收获、处理、运输、烘培等都有了更精细的要求，追求对咖啡的口味、品种以及产地的鉴别。这一热潮随后传播至亚洲地区，体现其特征的典型元素包括产地直购咖啡、高品质咖啡豆、单一产区咖啡、浅度烘焙咖啡以及咖啡拉花艺术。——译者注

之相反，当听到节奏较缓慢的背景音乐时，人会在精神上感到放松并散发出更平和的气质。基于此，以超市为代表的零售商会将背景音乐作为提高营业额的重要工具。

餐饮店的情况与超市不同，快节奏的背景音乐会加快顾客的进餐速度并使其早早离店，因此菜品的销量反而不会增加（但顾客提早离店确实可以提高翻台率）。所以对餐饮店来讲，借助节奏舒缓的背景音乐增加顾客在店内就餐的时间才是提升营业额的有效方式。

然而我也遇到过这样的情况，在刚开始营业时走进一家风格时尚的酒吧或意式餐厅，却发现店内流淌的音乐与店铺的氛围格格不入。我不禁心生疑问：“明明是如此时尚的店铺，为什么要播放经典的怀旧歌曲？”酒吧或意式餐厅通常会选择爵士乐或古典音乐作为背景音乐，之所以出现例子中提到的状况，是因为在开始营业之前，餐饮店的员工用店内设备播放了自己喜欢的音乐（例如国内金曲排行榜或流行乐），或是中年的店长播放了与店铺时尚的风格不相符的怀旧歌曲供自己欣赏，并且在开始营业后忘记更换音乐的种类。对餐饮店的工作人员来讲，这种情况是一定要避免的。

让我们回到色彩的话题。毕加索曾经表示：“色彩意味着救赎。”因此他在西班牙陷入内战的 1937 年所画的《格尔尼卡》（*Guernica*）上没有使用彩色系的色彩。虽然这幅作品在当时没有引起太大反响，但在战后它被视为反战的象征并获得了极高的评价。这个事例说明色彩拥有反映时代并改变人类感受的力量。

这一点在医疗界同样可以找到证据。实际上，医疗设施通常采用与人类皮肤相近的颜色。据称，人类的肤色对光的反射率约为 50%，因此，为了创造出更有助于治愈患者的空间，医疗机构内的天花板、墙壁及家具等都不会选用对光反射率大幅高于或低于 50% 的色彩。

色彩可以左右餐饮店给顾客留下的印象，与此同时，顾客也可能在不知不觉间受到色彩的引导。如果餐饮店能善用色彩，就可以将其作为吸引顾客并提高营业额与利润的“武器”。

形态引导认识，色彩带动感情。色彩的影响力被各大企业应用于市场营销活动中。因为店方需要做的只是选择合适的色彩，所以这种方法无须花费过高的成本且简单易行。

在人类所获得的信息中有 83% 来源于视觉，而视觉信息中又有 80% 受到色彩的影响。如此算来，人类获得的信息中约有 2/3 的部分与色彩有着密切的联系。

在日本，以零售商店与餐饮店为代表的服务业采取诉诸情感的方式来对其使用的色彩进行管理。换言之，在意识到色彩的重要性的基础之上，商家开始将其作为与顾客进行交流的方式。

人类借助经由物体表面反射后到达眼睛的光感知色彩，色彩信息通过视神经唤起人们过去的记忆和印象并促使其行动。那么在现实中，餐饮店是如何运用色彩技巧的呢？

色彩如何对顾客产生影响

1. 粉色

粉色可以抑制肾上腺素的分泌并平复兴奋的神经活动，进而安抚人们的情绪。因此这种色彩适用于以抚慰心灵为主题的酒吧，或以带小孩的顾客为目标群体的咖啡厅。同时，粉色也是女性青睐的色彩，故将其应用于甜品店和女性化妆室通常会产生理想的效果。

除此之外，因为粉色普遍给人可爱的印象，所以设有婴儿区的店铺也经常使用这种色彩对该区域进行装饰。总而言之，粉色的环境会令很多人感到安心。从这一点出发，如果采用粉色系的制服，那么在顾客眼中工作人员也会显得更具亲和力。另外，粉色还有让人感觉年轻的心理效果，因此它被广泛应用于店铺入口区域的装饰或售点广告①中以吸引年长的顾客群体。

2. 橙色

作为非常适合餐饮店使用的色彩之一，橙色可以促进人体的内分泌活动。由此可知，橙色具有增进食欲的生理作用，这便是暖系色彩适用于餐饮店的理由。然而，从实际情况来讲，因为橙色的内装会给

① 售点广告又称 POP 广告（Point Of Purchase Advertising），是常见于零售商店或餐饮店的一种广告形式。这类广告多为纸质，采用手绘的形式，其内容包括商品名称、价格、宣传语及简单的图画等，它们多会出现在经营场所内（如墙壁、橱窗、天花板、货架和展示柜）的各个地方。——译者注

人较明显的廉价感，所以高档餐饮店不会使用这种色彩。使用橙色的店铺仅将其用于菜单、售点广告、桌布和餐巾等物品。此外，从心理学的角度来讲，橙色给人以健康且充满活力的印象，因此常被应用于运动主题的酒吧或咖啡厅。

3. 青色

虽然青色也被普遍应用于餐饮店，但其使用方式并非主流，而是多被用来演绎某种特殊的印象。青色给人以内省、沉着、寂静等印象。另外在被问及喜欢的颜色时，青色在日本的男性和女性的回答中都名列前茅，由此可见这种颜色广受喜爱。青色还可以刺激副交感神经，进而降低脉搏、呼吸频率、血压与体温，并且使兴奋的神经活动得到平复。

青色给人的印象是平稳、睿智、理性、诚实、冷静、清廉、正确与细致。尽管并不适用于菜品，但青色却与以“酷”为主题的酒吧、鸡尾酒和运动餐吧相得益彰，对于希望顾客能在店内感到平静的餐饮店而言，青色是不错的选择。

除此之外，青色也适用于力求突出清凉感的饮料或啤酒，以及以凉爽的印象为卖点的夏季菜品。进一步讲，青色系的制服有助于员工给顾客留下诚实且智慧的印象，但也因此不适用于演绎热情、亲切的形象。另外，因为青色在冬季会给人寒冷之感并抑制人们的食欲，所以在除夏季以外的其他季节中应避免将这种颜色用于菜品。

4. 绿色

绿色是可以抚慰心灵的色彩。这种色彩会让人联想到蔬菜与维生素等与健康有关的事物。在赤橙黄绿青蓝紫这彩虹七色中，绿色位居中央，加之其对应的波长在可见光中处于中间水平，因此绿色是象征平衡的色彩。因为绿色使人联想到森林、植物和清新的空气，所以它能帮助人们缓解疲劳、平复心情，并且使人们重新焕发生命力。使用绿色的招牌或在店内放置绿色植物都有助于使店铺的整体氛围变得更平静。

绿色适用于以自然、环境或抚慰心灵为主题的店铺。举例来讲，美体小铺（The Body Shop）以深绿色作为基础色彩便是希望通过自然的印象来打动消费者。

5. 白色

对餐饮店来讲，白色是最基本的色彩。从厨房和操作间，到厨师服、工作服、店内装潢和各式用品，白色在餐饮店内随处可见。

由于白色能反射全部可见光，因此白色拥有最高的明度，很多店铺都借助白色来提高店内的明亮度。

白色无疑是最能体现洁净感的色彩。厨师服为何要选用白色？在厨房里，衣物会频繁地因为接触到食材而沾上各种渍迹，白色难道不会让污渍更显眼吗？或许你会产生类似的疑问，但实际上正是为了使污渍更容易被发现，厨师服才特意使用了白色。这样一来，为了保持洁净、卫生的状态，员工必须每天对厨师服进行清洗，店铺的清洁程度会因此得到提升。

6. 黑色

黑色给人以威严、厚重和高品质的印象，能体现高级感。与此同时，黑色也是吸收所有可见光的颜色。黑色拥有最低的明亮度，给人厚重的感觉，能够吞没其他所有色彩。除此之外，黑与白两种色彩的对比可以营造出一种“非黑即白”的紧迫氛围。另外，因为黑色具有降低消化系统的活跃程度并抑制食欲的效果，所以它适用于事前预定好菜品的西餐厅或咖啡厅，但不适用于以顾客的追加订单为目标的经营模式。

此外，黑色的制服会令人联想到店长或经理一类的形象。

尽管黑色是被广泛应用于各种场合的基本色彩之一，但这并不意味着黑色会被埋没于环境之中。与此相反，无论出现在哪里，黑色都会散发出强烈的存在感，令人联想到某种可以信赖的独一无二的形象。

由于黑色与白色组合在一起给人一种精神振奋、活力十足的感觉，因此这种色彩组合常被应用于酒吧中。

7. 黄色

黄色可以刺激人的大脑，使人迅速集中注意力、发挥想象力或在短时间内完成学习过程。此外，黄色与希望、喜悦、成就感、未来感、精力充沛、活泼开朗等积极印象紧密相连，因此适用于年轻人聚集的店铺。

在通常情况下，红色和黄色能促进人们的食欲，这二者的组合被称为最有助于食品销售的色彩搭配。红色能激发食欲，黄色可以加快消化系统的动作，因此对餐饮店来说，红色与黄色的组合可谓“黄金搭档”。由此可见，黄色适用于以年轻顾客为目标的店铺。

8. 红色

红色是可见光中波长最长的“前进色”（看起来距离较其他色彩更近的色彩），因此即使从远处看，红色也会跃入人们的眼帘，具有很高的辨识度。基于这种特性，餐饮店广泛地将红色应用于立式广告牌、店铺招牌、收银台标识、菜单及售点广告等处。

此外，红色可以通过刺激交感神经来提高脉搏、呼吸频率和血压，从而使人进入兴奋状态，因此这种色彩适用于以节约时间为目标（在短时间内完成购买或使用）的店铺或开展特价促销活动的店铺。但如果过多地使用红色则有可能给顾客留下廉价店铺的印象；同时因其使人兴奋的特征，过多地使用红色还会造成顾客的疲劳。总而言之，在以红色为主色的店铺中，顾客的停留时间将会缩短。

麦当劳选择了红色

除上一节中提到的作用外，红色还能使人感觉经过的时间比实际更长。由此可见，以快速完成购物的顾客为主要目标的自选商店、设有就餐时间限制的自助餐厅，以及追求高翻台率的快餐店等都不妨在店内使用红色。

麦当劳属于需要节约时间的快餐店。这类店铺希望顾客尽快完成用餐且缩短在店内停留的时间，以此来提高翻台率。

在日本，麦当劳的普通汉堡售价为每个 100 日元，其成本在 45 日元左右；与之相反，薯条（小份售价 150 日元）和饮料（小份售价 100 日元）的成本每份在 20 日元上下。基于此，麦当劳对上述三者进行组合式销售。之所以将作为主食的汉堡定价为 100 日元，是出于一种以量取胜的商业考虑——如果汉堡的定价为 150 日元，那么这样做会导致顾客减半，因此就用 100 日元的价格来吸引双倍的顾客。

但是，在饮料生产商进行的问卷调查中，麦当劳的某件商品曾经一度位列首位。各位读者认为会是哪种商品？

答案是当时售价 100 日元的咖啡。显然在口味上胜过麦当劳 100 日元的咖啡品牌有很多，但“100 日元就能品尝到的美味”才是麦当劳咖啡更受青睐的原因。换言之，麦当劳咖啡在性价比上更胜一筹。

在此基础上，麦当劳注意到在 14:00 ～ 18:00 和 22:00 以后这两个时段里店内几乎没有顾客，这种状况对店内空间造成了巨大的浪费。为此，麦当劳推出了“截至 18:00 咖啡免费，同时出售面包”的促销活动，这便是其咖啡战略的开始。

顺应这一经营战略，麦当劳的店铺颜色从红色变为了黑色，在东京范围内陆续出现了数家“黑色麦当劳”。利用黑色营造出高级感并延长顾客在店内停留的时间，本着这一理念，麦咖啡诞生了。

我尚处于小学低年级的儿子在和朋友商量要不要去麦当劳时曾带着得意的语气宣称：“我要去黑色麦当劳！”麦咖啡的商品的单价平均比麦当劳高出20日元左右，听到儿子的话我不禁暗自感叹：“你清楚这种差异吗？”

不仅限于餐饮店，对消耗频度高的商品、低价的商品、以价格折扣作为卖点的商品和被宣传为“值得买”的商品来说，在其包装中使用暖色系的颜色更有助于销售；而对希望顾客能不紧不慢地进行购物的卖场来说，采用暖色系的颜色则是一大禁忌。

还有某项调查显示了如下的结果：在咖啡馆等人时，如果遇到对方迟到的情况，比起在使用青色一类的冷色系色彩进行内装的店里等人的顾客，在采用黄色或红色等暖色系色彩进行内装的店里等人的顾客看表的次数是前者的2～3倍，这是其心生烦躁的表现。这一调查结果说明色彩可以影响人们对时间的感知。

综上所述，麦当劳选择红色作为标志色是为了实现其节约时间的目的。以麦当劳为首的快餐店多在店内使用暖色系色彩的理由在于，如果顾客在店内长时间停留，那么店铺的翻台率就会降低，进而影响营业额。与之相反，为了使顾客不容易感到时间的流逝，在拥挤的店铺内设置的等待区更适合采用冷色系色彩。

为什么意面与黑色的餐盘相得益彰

在各式餐饮店中，自助餐厅始终备受欢迎。采用这两种形式的餐厅更是不断开展着关乎酒店荣誉的激烈竞争。

然而在物价不断上涨导致成本提升的同时，顾客对自助餐提出了更高且更多样化的要求，因此越来越多的自助餐厅在经营方面陷入了苦战。

只要采用自助的形式就能为餐饮店带来人气的时代一去不复返。对现在的自助餐厅而言，提供种类丰富的甜品已经成为最基本的要求之一了。除此之外，自助餐的内容也变得五花八门，“乳酪薄烤饼任意吃”“包含帝王蟹、国产腓力牛排、手握寿司等高档菜品”“墨西哥薄饼自助”“曲奇饼自助”“纳豆任意吃”“关东煮任意吃”“北京烤鸭任意吃”“高档法餐”，诸如此类的新式餐品层出不穷。

这些令人眼花缭乱的形式带来了更激烈的竞争，也令做出选择的一方感到无所适从。然而无论选择哪种形式的自助餐，与平时相比顾客都会不可避免地增大食量。

仅靠推出与众不同的菜品难以维持人气，这是自助餐厅始终需要面对的一大难题。不仅如此，在内容上推陈出新导致成本率不断上涨，而餐饮店对此常常束手无策。最终，提升营业额就意味着要在更大程度上提高成本率，这种状况令餐饮店陷入窘境。

尽管平日里我经常思考如何在不损害自助餐厅的形象的前提下降低其经营成本，但对我而言想在自助餐厅减少食量也绝非易事。多数人在吃自助餐时经常吃得比平时更多，这就使得餐饮店难以通过减少食材的消耗来降低成本。

在此基础上我意识到，如果人们能减少在自助餐厅的进餐量，那么其平时的食量也会随之降低。实际上，有一种方法甚至具有帮助人们节食减肥的效果。为了验证这种方法能否有效解决顾客过量进餐的问题，我在客户的协助下在自助餐厅进行了多次实验。下面我将详细介绍这种方法。

1. 使用更小的餐具（勺子或叉子）和餐盘

这是一种使顾客产生错觉的方法。人们并不擅长计算平时摄入食物的量。除过于严于律己的人之外，人们很少会注意自己具体吃过几两炒饭，喝了多少毫升的汤，或是随手抓起了几块饼干，更不会一直记得这些数字。

因此，减少食量的简单方法之一便是在盛取食物时使用比平时使用的更小的勺子。在使用较大的器具时，顾客难免会在无意间盛取更多的食物。

以自助餐厅里供顾客盛取冰激凌用的勺子为例。在实验中，在用容积为 50 立方厘米的勺子替换容积为 80 立方厘米的勺子后，顾客盛取到盘里的冰激凌的量平均下降了 19%。之所以会产生这种效果，是因为即使顾客打算盛取与平时相同的量，也会由于盛取了相同的次数而产生和平时没有差别的错觉。这或许说明人们对于量的知觉不够敏感，尚不足以通过自己的估计判断其中的差异。

这个方法不仅适用于冰激凌。你也可以尝试在吃饭时使用比平时小一号的勺子或叉子。至于换用小号餐具后是否会感觉食物的摄入量有所减少，又是否会对饱腹感产生影响，实际上如果试着留意，你就会发现，即使吃下的食物比平时减少 20% 左右，你也不会对此有所察觉。众所周知，细嚼慢咽会增加饱腹感，由此可见人们对吃饱与否的感觉十分模糊。因此，即使换用更小的勺子，只要将食物送到口中的次数相同，人们便不会注意到实际吃下的量有明显的差异。所以如果餐饮店希望客人减少进餐量，或是你希望控制自己的食量，就请从餐勺的大小入手做出改变。

除此之外，参与实验的自助餐厅还尝试将供顾客取餐用的餐盘的尺寸从直径 27 厘米调整为 23 厘米，结果食物的消耗量整体减少了 9%。这是因为当人们看到餐盘中盛满了食物时，就会误以为已经盛取了与之前相同的量。另外，因为人们不好意思反复起身取餐，所以取餐的次数不会增加。这样一来，只要减少顾客每次盛取食物的量就可以有效地减少顾客的食量。

2. 巧用色彩

在上一节中，我就色彩进行了讲解。在减少食量的问题上，餐饮店同样可以应用与色彩有关的技巧。例如改变餐盘的颜色或调整店内装饰与摆设所使用的颜色等。

实际上餐盘的颜色也会对顾客的食量造成影响。以盛放意面用的白色餐盘为例。同样是意面，与使用黑色餐盘的情况相比，在使用白色餐盘时被盛入其中的意面的量多出了 22%。造成这种现象的原因并不是餐盘自身颜色的改变，而是食物与餐盘的色彩对比越弱，人们就越倾向于认为餐盘中所盛的食物少，这种倾向导致人们在不知不觉间盛入更多的食物。也就是说，餐饮店可以通过改变餐盘的颜色来使顾客产生错觉，如此一来，顾客的进餐量自然会减少。

在自助蛋糕店，顾客更倾向于选择色彩丰富的蛋糕。与朴素的洋梨蛋挞相比，五彩缤纷且包含多种馅料的水果蛋挞的消耗速度是其 4 倍。

由此可见，相比于色彩单一的食物，人们更倾向于吃色彩丰富的食物。

隐藏在这一倾向背后的，是人们希望通过品尝更多种类的食物来获得幸福感的心理。总之，前文提到的意面的例子说明，对色彩单一的食物来说，如果将其盛放在色彩与之形成鲜明对比的餐盘中，就可以减少盛入的量。

在享用以白色为主色的食物时，换用黑色的餐盘有助于减少食量。而在挑选甜品时，尽量选择色彩朴素的食物有助于控制食量。这样一来，餐饮店可以因食材消耗量的减少而降低成本，希望节食减肥的顾客也可以在享受美食的同时让身材变得更苗条。

“轻轻触碰”的技巧令他人对你的好感倍增

在酒会或联谊活动中，人们会因为被异性触碰了手臂或肩膀而在不知不觉间对其心生好感。相信各位读者也有过类似的体验。

美国的某项心理学实验证明，适当的身体接触可以引发对方的好感。这种方法不仅适用于异性，对于同性也同样有效。

在实验中，研究者在街头对行人实施问卷调查。对一部分回答者，研究人员会触碰其手腕；而对另一部分回答者，研究者则不会与其发生身体接触。在回答问题的过程中，研究者会故意将手中的答题纸掉在地上，并且观察两组回答者是否会帮忙将纸拾起。研究结果显示，被触碰手腕的回答者中有更高比例的人对研究者提供了帮助。这一实验结果证明，适当的身体接触可以促使对方产生好感。

在餐饮场所，服务员有时也会自然地触碰顾客的身体。

这种状况发生在顾客埋单的过程中，服务员以自然、礼貌的方式与其发生身体接触。相信你也注意到了，这是找钱时常有的情况。在将零钱返还给你时，服务员会将一只手放在你的手上。实际上这便是对“轻轻触碰”这一技巧的应用。为了给顾客留下好印象，餐饮店会为员工创造出自然地与顾客发生身体接触的机会。

感谢信中写下的秘密

服务的收尾与顾客的再次光临紧密相连

有些餐饮店会被经常来店的客人指出“要提高服务的水平和烹饪的手艺”，但令人遗憾的是，即使按要求进行了改进，店铺的经营状况也不会出现好转。明明竭尽全力为顾客提供了服务，营业额却没有明显上涨，这是很多餐饮店都不得不面对的现实。

究其原因，是因为能在一年内多次光临某家店铺的顾客只是一部分，并且此类顾客不占多数。

对于日用品而言，同一名顾客有可能在一年内多次进行购买。但对于普通的餐饮店，想让顾客以每周一次的频率光顾可谓难于登天。

针对菜品和服务，鲜有顾客会直接向店方表达诸如“菜不太好吃”“上菜速度太慢”“没想到服务如此差劲”等意见。在对菜品或服务有所不满时，多数顾客会选择闭口不言，之后对这家店铺不再光顾。

这种状况被称为“潜在投诉”。换言之，这是顾客不说出口的无声投诉。

对餐饮店来讲，潜在投诉左右着店铺的命运。能否将潜在投诉防患于未然，或者能否及时发现顾客的潜在投诉并予以适当应对，与餐饮店能否在激烈的竞争中生存息息相关。

那么是不是店方稍做改进就能使局面得到改善呢？答案是否定的。无论哪种行业，单纯依靠小幅提升服务质量或优化商品的使用体验都难以打动顾客。这是因为对多数顾客而言，即使当时对服务或商品感到满意，这种印象也会在几天之内烟消云散。因此，如果餐饮店不能尽早让顾客产生再次来店的愿望，恐怕就只能与其结下一面之缘了。为了避免这种情况的发生，餐饮店就有必要做好服务的收尾工作。

简单来说，服务的收尾工作包括两个方面：（1）在服务上尽全力做“最后一搏”；（2）制造契机促使顾客再次来店。

服务的收尾工作有多种方式，例如，饱含感激与期待的心情为顾客送行、询问顾客的姓名、向顾客呈上名片、赠送供顾客再次来店时使用的优惠券、利用对话引发顾客再次来店的愿望、向顾客投放感谢信或直邮广告，等等。诸如此类的方法不胜枚举，它们均可作为餐饮店塑造店铺形象并吸引顾客再次光顾的策略。如果店方能结合顾客的特点对上述方法进行个性化处理并在适当的时机加以实施，就可以获得更理想的效果。

感谢信是否有效

各位读者到餐饮店就餐的频率如何？想必除家庭餐厅、快餐店、酒馆和提供盖饭的小餐馆等用以解决一日三餐的大众化店铺之外，人们光顾同一家餐饮店的频率不会很高。

请你尝试回想至今为止你只去过一次的餐饮店，例如小时候和父母一起旅行时去过的餐厅、游学时住宿的酒店，以及与商谈对象碰面的咖啡厅等。你或许会感到意外，但这类你只去过一次的餐饮店能达到几十甚至上百家，只是你不会一一记得它们而已。与一年内会光顾五六次的店铺相比，这类店铺的数量可能是其数十倍之多。即使你有再次到此类餐饮店就餐的想法，也通常不会将其付诸实践。

为了能使顾客成为回头客，餐饮店该采取怎样的行动呢？

实现这一目标的方法之一是经常向顾客投放感谢信。想必你对“感谢信”一词并不陌生，但实际向顾客投放感谢信的餐饮店又有多少呢？恐怕你作为顾客收到感谢信的次数也屈指可数。在经营活动中可以利用感谢信的机会不在少数，但对餐饮店或其他商业的经营者来讲，常见的情况是空有想法而缺乏实际行动，或者尽管经常投放感谢信却没有取得应有的效果，并且最终因为嫌麻烦而放弃了这种方法。

因为投放的感谢信没有收到效果而最终放弃，有过类似经验的餐饮店比比皆是。那么该怎样做才能让感谢信收到成效呢？

下面我将对利用感谢信带来人气的餐饮店所采用的方法进行介绍。

感谢信中隐藏的“咒语”

感谢信的优点在于，即使顾客仅有一次来店的经历，也可以利用这种方式立即吸引其再次到店。通过在电视或报纸等媒体平台投放广告吸引新顾客会给餐饮店造成巨额开销。相比之下，因为向有过来店经历的顾客进行宣传时无须借助媒体广告，所以从成本的角度而言这种方法更高效。

在通常情况下，多数餐饮店的营业额有 30% 来自新顾客的消费，而 70% 来自回头客的贡献。如果回头客中有 70% 会再次到店就餐，那么仅通过将 70% 这一再来店率提升至 73%，一年下来营业额就可以提升 30%。

由于新顾客的消费占营业额的 30%，如果仅通过吸引新顾客来使营业额提升 30%，那么餐饮店就必须吸引两倍于前的新顾客，这对餐饮店来讲难上加难。

由此可见，作为增加回头客的方法之一，感谢信既能对顾客进行一对一式的营销，又能帮助店方减少开销。

需要牢记的一点是，餐饮店需要在感谢信中制造再次来店的契机。换言之，店方有必要在感谢信中写下“咒语”，即能够吸引顾客再次来店的关键词。

如果某位顾客在上次来店时曾表示“店里如果有花就好了”，那么在感谢信的内容里就可以包括：“尊敬的某某女士 / 先生，本店接受您的宝贵意见在入口处装点了鲜花，请您一定到店观赏。”

在我主持经营的单间式西餐厅 Curve 隐屋，一份意大利面的重量为 90 克。曾经有两位中年女性顾客指着菜单上的意大利面问：“这种意面一份有多少克？”在店员回答 90 克后对方表示“量有点多”。鉴于此，店方便为其将面减少至 60 克，并且在其中加入了更高档的食材。事后，店方向顾客寄送了内容如下的感谢信。

某某女士，您好：

在下是 Curve 隐屋某分店的店长某某。非常感谢您日前冒雨光临本店。本店有幸接受您的点单并获得您的肯定。

此外，就您提出的意面的量过多一事，本店向您致以诚挚的歉意。当您下次光临本店用餐时，我们会为您提供减量的意面。

天气尚未回暖，还望您多保重身体。

期待您精神饱满地再次光临本店。

Curve 隐屋某分店店长某某敬上

需要注意的一点是，只投放一次便没有下文的感谢信不会产生效果。即使是不经常联系顾客的餐饮店也至少应向顾客投放三封感谢信。“正在考虑明天去哪家餐厅吃饭时恰好收到了这家店的信”，想必你也收到过这样时机绝妙的来信。先后三次投递感谢信有助于提高顾客在恰到好处的时机收到来信的概率。

在下午 4 点向顾客发送信息

“今天的短信要发送哪些内容呢？”

今天新进了稀有的白酒，酒馆的老板因此获得了灵感。

“对了，就写‘今日特供稀有白酒，仅售500日元’来做促销吧。”此时刚好是下午4点，老板心想：“啊，已经4点了，差不多该给工薪族的顾客发短信了。”

人们收到的来自常去的餐饮店的促销短信就是这样诞生的。

除手机短信外，如今的大多数店铺都在大力借助互联网进行宣传，但这种方法通常收效甚微。

不久前日本总务省[①]发布的数据显示，在过去10年间，日本的互联网普及率提高了近一倍，在此基础上，互联网承载的信息量达到了之前的500倍以上，信息的质量也发生了极大的变化。

众所周知，如今的社会步入了社交媒体的时代，信息也因此充斥着人们的生活。随着互联网的普及，各行各业的广告宣传方式都发生了剧变。

在日本，很多企业都开设了主页，并且在数字媒体平台上登载了广告。还有越来越多的企业在Twitter或Facebook等社交媒体平台上开设官方账号。在这种趋势下，用户也可以更便利地通过电脑或智能手机获取信息。

围绕信息技术建立起的信息环境日趋成熟，但这种发展也对其他

① 总务省（Ministry of Internal Affairs and Communications）是日本的中央行政部门之一，其职能包括地方自治监理、行政机关事务统筹、消防、选举、信息传播与管理等。日本行政机关中的各个“省”相当于中国行政机关中的各个部。——译者注

领域造成了影响。这类影响集中表现在广告宣传上，以往的广告方式逐渐失去了作用。在信息量暴涨为原来的 500 倍以上的同时，每条信息的相对价值也随之下降，加之不可靠的信息越来越多，顾客已不会再以囫囵吞枣的方式接受其所获得的信息。

尽管如此，每当有新媒体出现时，各家企业仍然会争相使用。对顾客来讲，他们接受的信息早已达到饱和状态。

近年来，在各企业负责市场营销或广告促销等工作的员工之间，O2O（Online to Offline）这一概念逐渐成了热点话题。O2O 是一种从线上到线下的商业模式，在这一模式中，商家借助互联网（线上）的力量（信息或服务）将顾客引向存在于现实社会（线下）中的实体店铺。对社交媒体来说，随着智能手机的爆发性普及，O2O 这一商务模式应运而生。

在网络社会中，新的商业组合方式层出不穷，因此经营者必须对其保持足够的敏感，以免在竞争中失去优势。但同时，这并不意味着餐饮店要盲目地追随潮流。

对餐饮店而言，现在要做的是仔细考虑采用某一商业模式的理由，并且在此基础上将该模式应用于经营实践，以求与现实社会建立联系。O2O 可以将顾客从网络世界引导至现实社会中，因此我认为这种商业模式能够为餐饮店创造提高营业额的绝佳机会。

被最初的宣传攻势吸引

我在前文中介绍了通过感谢信来增加回头客的方法。如果餐饮店能向顾客传达“某某女士 / 先生，衷心感谢您光顾本店”的心情，那么对方再次来店的可能性就会增大。对顾客来讲，即使只是无意间踏入的店铺，在收到这样的书信后也会多少产生“自己是特别的客人”的印象。除此之外，很多顾客都希望自己能经常光顾某家餐饮店，抓住顾客的这种心理也有助于提升顾客再次光顾的概率。

需要反复强调的是，如果希望新顾客成为回头客，甚至成为自家店铺的忠实拥护者，那么对餐饮店来讲，在最初的阶段向其发起宣传攻势就显得尤为重要。这是因为新顾客再次光顾同一家餐饮店的概率很低，不出一个月，人们就会将去过的店铺忘得一干二净。

话虽如此，这也不意味着餐饮店应该不经思考地向顾客胡乱投放感谢信或促销信息。如果选择的时机或投放的方法不当，那么在收到感谢信或促销信息时，顾客可能早已对该店铺没有印象了。因此，餐饮店一定要正确把握投放感谢信或促销信息的方式与时机。

从“AIDMA”到“AISCEAS”

对店方而言，什么才是吸引顾客的关键呢？要想回答这个问题，就有必要从消费者的行动过程入手进行思考。

在有关消费者的行动过程的理论中，比较有代表性且简单易懂的是“AIDMA 法则”。

所谓“AIDMA”，是 Attention（注意）、Interest（兴趣、关心）、Desire（欲求）、Memory（记忆）和 Action（行动）这五个英语单词的首字母组合，这是美国的广告人罗兰德·霍尔（Samuel Roland Hall）提出的有关消费行为的模型（见表 1-4）。

表 1-4 消费者的心理过程模型

阶段	项目
认知阶段	A：Attention（注意）
情感阶段	I：Interest（兴趣、关心） D：Desire（欲求） M：Memory（记忆）
行动阶段	A：Action（行动）

该模型反映了消费者的心理过程，是商业经营的基本知识。

消费者从得知某种商品到购入该商品的过程可以大致分为认知阶段、情感阶段与行动阶段这三个过程。

最近，在日本的电器商店里经常可以看到一种吸力不会下降的吸尘器。以这种商品为例，认知阶段是指消费者得知此商品，并且产生诸如“这种吸尘器是由知名品牌商生产的”“这种吸尘器可以保持吸力”“有很多演艺界的名人都在使用这种吸尘器”等认识的过程。

情感阶段是指消费者对这种吸尘器做出“是否喜欢它的设计”“在生活中是否需要它”“是否想要用一用”等情感或态度方面的判断过程。

而行动阶段便是消费者购买及使用的过程。

上述过程还可被进一步细化：商家首先吸引不知道这种吸尘器（商品）的消费者的注意（Attention），使其对商品有所了解。如果消费者对这种商品产生了兴趣，就达到了关心（Interest）的阶段。在此基础上，如果消费者进一步产生了尝试使用这种商品的愿望，则进入欲求（Desire）的阶段。消费者的欲求越强烈，对这种商品的记忆（Memory）就越深刻，日后在实体店内或互联网上发现相关商品时便越容易回忆起这种商品。最终，消费者会进入行动（Action）阶段，即购买这种商品。

经营者们曾经借助 AIDMA 法则将消费行为划分为不同的过程，并针对每一个过程实施与之对应的营销策略。之所以说“曾经”，是因为消费行为的过程随着社交媒体的普及而发生了变化。如今顾客的消费行为过程被表示为“AISCEAS”。

“AISCEAS”是由日本的广告人望野和美提出的，它是 Attention（注意）、Interest（关心）、Search（搜索）、Comparison（比较）、Examination（研究）、Action（行动）、Share（分享）这七个英语单词的首字母组合。在这一理论中，消费者在注意到（Attention）某种商品并对其产生兴趣（Interest）后并非进入欲求（Desire）阶段，而是会立即在互联网上搜索（Search）该商品，并利用博客、社交媒体平台及网站将其与同类产品进行比较（Comparison）和研究（Examination）。这一过程与前文提到的AIDMA法则存在着决定性的差异。

这一差异便是记忆（Memory）过程的消失。换言之，消费者自身不再对商品进行记忆，而是通过自己喜欢的方式获取信息，并使用电脑或手机等电子设备进行“记忆”。如今，为了应对这种新的行为过程，经营者必须构建新的战略过程。

新型战略过程的重点是在搜索阶段向顾客发起攻势，即采取相应的方法使自己的店铺或商品在搜索结果中出现在更具优势的位置上。其中需要考虑的内容包括如何做好搜索引擎优化（SEO）、如何选择网站及选用哪种形式的网络广告。而在比较（Comparison）阶段，商家需要注意的则是如何提高宣传文案的质量及品牌价值。这些综合性的形象战略都是商家必须考虑的。

那么，商家如何应对商品愈发难以被顾客记忆（Memory）的现象呢？如前所述，因为顾客在用自己的大脑记住信息前会依赖更便利的电脑或手机对其进行记忆（存储），所以不仅信息自身容易被遗忘，而且顾客甚至不会想起去调用这些信息。这就意味着商家需要将有助于顾客调用信息的方法加入战略。

掌管记忆的“3 的法则”

实际上，生意兴隆的餐饮店对于人类记忆的规律了如指掌。

考虑到人类记忆的特点，很多经营者都经常以“3 的法则”为基础来制定促销策略。特别是对餐饮行业来说，这是一直以来经常被强调的法则。所谓数字 3 是指 3 个时间节点，即 3 天后、3 周后和 3 个月后。这 3 个时间点也被称为“遗忘的分界线”。

3 天后忘记 80%

遗忘的第一条分界线是 3 天后。在被问到“昨天午饭吃了什么”的时候，很多人都会意外地发现自己不能顺利回答。而如果将时间进一步回溯至 3 天前，人们回想起来的可能性就会大幅降低。对于这一遗忘的分界线，除 3 天后之外，也有人以小时为单位将其定义为 80 小时。这是在心理学领域和脑科学领域非常著名的理论。

举例来讲，假设某个周六你在某家风格时尚的餐厅进行了一次约会，并因此留下了美好的回忆。在周日，你沉浸在余韵之中，与对方在那家餐厅共度幸福时光的场景仍然留在你的脑中。然而到了周一你不得不去公司上班。而当时间来到周二，你的大脑就已经完全回到了工作模式。此后经过周三、周四和周五，你所期待的周末会再次到来。

在这个例子中，遗忘的第一个时间节点出现在 3 天后的周二。恐怕有很多人在这时都已不太能回忆起当时与对方谈话的内容。即使是约会这样特别的事件，人们也不会记得其中的每一个细节。

在心理学领域中存在这样的共识：“今天记住的内容一定要在 80 小时内进行复习，否则人脑就会忘记其中的 80%。”

80 小时，即大约 3 天的时间。如果在这段时间内不进行任何回想，那么在经过 3 天后，人们便难以找回之前的记忆。想要回想起 3 天前发生的事确实比较困难，相信各位读者对这种现象也有所体会。

经过 3 周便难以想起

接下来的时间节点是 3 周。有理论认为：人的记忆在 21 天后会变得愈发难以提取。对于在 21 天的时间里不曾回想起来的记忆，大脑会将其判断为无用的信息并降低其优先度，最终将其置于记忆“仓库”的一角。

回想自己的经历，你就会意想不到地发现，对记忆而言，3 周确实是很重要的一段时间。请以恋爱为例进行思考。

人们常说，如果希望与提出分手的恋人重归于好，那么关键在于能否在 1 个月内取得进展。之所以这样说，或许是因为在 1 个月后对方可能已经有了新的恋人，抑或是对被提出分手的一方来讲，3 周的时间可以帮助其摆脱因遭受打击而一蹶不振的状态，恢复精神，并在平复情绪后冷静地审视自己。除此之外，为了使对方回心转意，被提出分手的一方还可能需要这 3 周的时间来通过健身、美体或美发等方式重塑自己的形象。进一步讲，被提出分手的一方也可以利用这段时间来明确自己是否真的喜欢对方，以及是否希望与对方重新开始。

如果站在对方的立场考虑，那么提出分手的一方则有可能在 3 周的时间里忘记原来的恋人并适应独自生活的状态。但从积极的角度来讲，3 周的时间恰好可以帮助对方忘记令其反感的记忆。为避免不快的记忆带来的压力破坏自己的正常生活，人类会努力尽快遗忘这些记忆。因此，对提出分手的一方来讲，经过 3 周左右的时间，造成分手的不快事件给其留下的记忆有可能得到稀释。举例来讲，在过去 1 年里，想必你曾有过为某事烦恼并因此闷闷不乐的经历，但我相信此刻在你的大脑中，与之相关的记忆早已烟消云散。

因此，如果一个人希望与分手的恋人再续前缘，那么 3 周是最佳时机。

这个时间不仅适用于恋爱，有心理学理论指出：人类养成某种习惯的时间是 3 周。如其所言，无论是将学习过的内容和体验过的经历等保存在记忆中并形成与之相关的习惯，还是将这些记忆遗忘，3 周都是一段非常重要的时间。

3 个月后记忆无法提取

最后的时间点是 3 个月后。请你回顾上文讲述的“3 的法则”中包含的 3 天后与 3 周后这两个时间节点。如果在 3 天内不进行任何回想，人们就会失去记忆的 80%。如果在 3 周内一次都不曾想起，这些记忆就会被大脑存储于不容易被回忆起来的“角落”里。那么在3个月后情况又会发生怎样的变化呢？

曾经，我的公司在客户的帮助下对该客户经营的餐饮店进行了RFM分析。所谓RFM分析，是指借助最近消费日（Recency）、消费频度（Frequency）和累计消费金额（Monetary）3个指标来对顾客进行分类与评级的分析方法。分析的结果显示，3个月内再来店1次的新客户在两年内平均来店3.3次，3个月内再来店两次或两次以上的新客户在两年内平均来店14.1次，而3个月内没有再来店的新客户在两年内平均来店1.9次。

令人惊讶的是，与3个月内再来店1次的顾客相比，3个月内再来店两次或以上的顾客的来店次数竟是前者的4.3倍。而如果与3个月内没有再来店的顾客相比，再来店两次或两次以上的顾客的来店次数是前者的7.4倍。

再来比较一下3个月内再来店1次的顾客和3个月内没有再来店的顾客在两年内来店的平均次数，这两个数字分别是3.3次和1.9次。因为最初双方都曾来店1次，所以两类顾客再来店的平均次数分别为2.3次和0.9次。这样对比就会发现，尽管同样是曾经来店的顾客，如果能在3个月内再次来店，那么在首次来店后的两年内，此类顾客的来店次数会是在3个月内没有再次来店的顾客来店次数的2.5倍以上。

换言之，比起3个月内没有再次来店的顾客，使3个月内再来店一次或两次及两次以上的顾客成为固定客源的概率是前者的2.5～14.7倍。由此可见，在制定战略时，餐饮店应以促使顾客在3个月内至少再来店1次为目标。

这一发现不仅适用于餐饮业。对于自己所体验过的某种事物，如果人们在3个月的时间里一次都不曾对其进行回忆，那么此后想起它的可能性就会变得微乎其微。

因此，如果在顾客首次光顾后的3个月内你都没能为其制造契机并促使其想起你所经营的餐饮店，那么恐怕从此以后顾客便再也不会想起你的店铺、菜品乃至你本人。

如果店名不能浮现在顾客的脑中，那么你所经营的餐饮店自然不会被顾客选择。正因如此，为了制造出能帮助顾客回想起店名的契机，你应该在“3的法则”中所包含的3个时间节点上向顾客投放感谢信或直邮广告。

专栏
通过座位的选择了解对方的性格

假设某天傍晚，你为了填饱肚子而独自走入一家餐饮店。这是一家普通的西餐厅，店内氛围令人感到放松。餐厅的布局如图 1-1 所示。

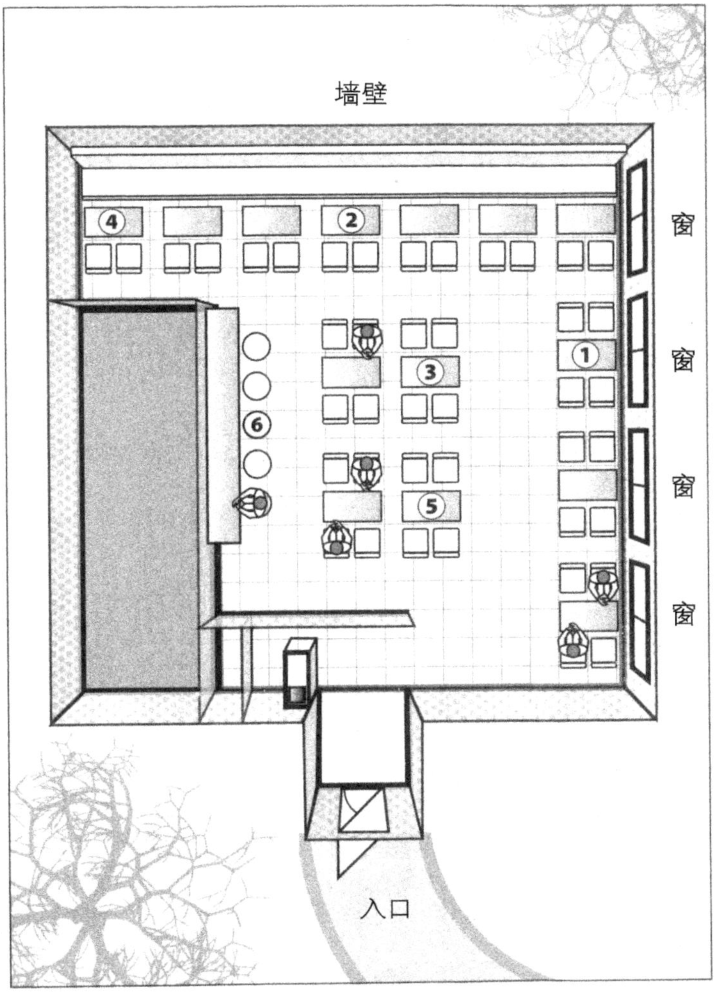

图 1-1　西餐厅内布局图

你会选择坐在什么位置？

人们在餐饮店就座的位置可以在一定程度上反映出其性格、心理状态以及当时的情绪。

在空间相对宽敞的咖啡厅、家庭餐厅或快餐店等餐饮店进行约会、商业谈判或与公司员工会面时，你可以有意识地晚到一两分钟，并通过对方所坐的位置来了解其性格特征与类型。对于约会的对象，你可以借此判断今后是否与其进行交往；对于商业谈判的对手，你可以由此判断是否与对方签订合约；如果你是一名上司，那么这便是你了解下属的绝佳机会。对餐饮店来讲，工作人员可以通过顾客选择的座位在一定程度上对其性格进行预测，并随之调整为其提供服务的方式。

除此之外，座位的选择也可以反映出人们对私人空间的重视程度和其对于自身的定位。

下面我将对此进行详细解读。

空出两边的席位的人（图中①的位置）

这类人可能不希望与他人过多地联系，也可能希望通过空出两边的席位来制造出仅属于自己的私人空间。

坐在墙边或离墙近的席位的人（图中②的位置）

这类人可能不希望与他人产生过多的联系。选择这样的座位反映出此类人可能希望在不被别人注意的同时对店内的全貌进行观察的心理。

不仅如此，面对墙壁而坐的人的性格可能很内向，而背对墙壁而坐的人则可能更善于与他人进行交流。

坐在居中的席位的人（图中③的位置）

此类人往往充满自信且有强烈的自我表现欲，性格中存在自我中心且幼稚的一面。因为这个位置很容易受到周围人的关注，所以至少对一般人来讲，坐在此处会令其感到心神不宁。

毫不犹豫地选择坐在这个位置上的人，或是对自己有足够的自信，或是希望自己能随时处于群体的中心。此类人可能并不在意周围人的看法，或对此漠不关心。如果这个人还能毫无顾忌地化妆，那么此人或是盛气凌人的“女王”，或是对他人鲜有兴趣。

这类顾客大多随心所欲，容易给其他顾客带来麻烦，是餐饮店需要格外注意的对象。

坐在店内深处席位的人（图中④的位置）

这类人通常非常理性，但性格优柔寡断（缺少决断力），他们不希望引人注目。在潜意识里，这类人可能不希望被他人注意。除此之外，这种座位选择也可能反映出这类人渴望安定、希望集中注意力进行学习或情绪消沉等心理状态。

这类人大多十分理性，因此对餐饮店而言，无论哪种性格的店员为其提供服务都能与之融洽相处。但与此同时，这类顾客中的很多人在点餐时可能会犹豫不决。

坐在入口附近席位的人（图中⑤的位置）

选择这一可以随时离店的位置的人性格往往很急躁。入口附近的席位便于在发生紧急情况时迅速逃离，因此选择坐在这里的人大多拥有较强的求生本能。与坐在店内深处的理性的顾客相反，此类人时常容易感情用事并盲目采取行动。

除此之外，选择坐在入口附近也反映出这类人希望在用餐结束后尽早离开的心理，由此可以推断此类人的性格较为积极。

还有一种可能是选择坐在这里的人在酒会和宴会中总是被置于末席，并经常被其他人使唤，因此其感觉坐在入口附近的位置最安心。

餐饮店不会太重视坐在这个位置的顾客，换言之，店方不会为其提供高质量的服务。因此我认为在餐饮店就餐时最好不要经常坐在入口附近的席位。

坐在吧台席位的人（图中⑥的位置）

这类人可能更容易感到寂寞。他们通过背向其他顾客而坐的方式来制造出完全属于自己的世界。这类顾客也有可能是性格机敏且善于体谅他人的人，因为是独自来店，所以为给店铺行方便而选择了吧台的席位。

经常选择吧台席位的顾客可能会表现出乐于与店内员工进行交流的倾向，因此对餐饮店来讲更容易接待。

除此之外，这类顾客选择坐在吧台也有可能是希望寻求与他人的邂逅。

人们在餐饮店选择座位时存在一些共同的倾向。靠窗的座位普遍更受欢迎，而入口处或洗手间附近的席位则时常无人问津。除此之外，当店内有团体客人用餐时，很多顾客会选择尽量远离他们的席位。有些餐饮店将这些共同点也纳入考虑，并在此基础上留心判断顾客的性格与心理特点，进而为不同的顾客提供个性化的服务。

第二章

令顾客做出如店方所愿的选择：推荐菜品带来盈利的理由

CHAPTER 02

菜品的顺序深奥莫测

假设你来到一家法式餐厅，侍酒师为你递上了如图 2-1 所示的红酒清单并离开了你的餐桌。你会选择其中的哪瓶红酒？顺带一提，我有意将图中的红酒标示成了相同的品牌。

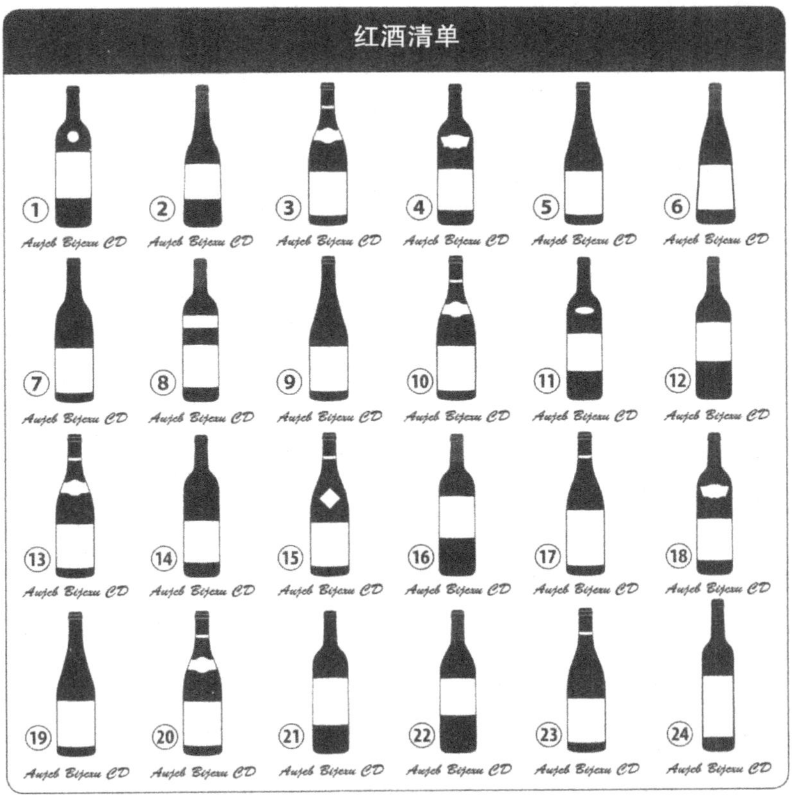

图 2-1　**红酒清单**

选择23号或24号的人属于少数派，但同时也是红酒方面的行家。

选择9号、10号、15号或16号的人往往抱有“总之先选最中间”的想法。

选择1号或2号的读者属于多数派。这是你犹豫再三后精挑细选的结果。

我的公司曾在客户的协助下在其所经营的餐厅向100名顾客出示了如图2-1所示的酒单，并且对顾客的选择进行了统计。统计的结果如表2-1所示。

表2-1 利用图2-1所示的酒单进行的调查的统计结果

编号	①	②	③	④	⑤	⑥	选择第一行的人数
人数	22人	12人	14人	3人	2人	9人	62人
编号	⑦	⑧	⑨	⑩	⑪	⑫	选择第二行的人数
人数	1人	1人	3人	6人	0人	0人	11人
编号	⑬	⑭	⑮	⑯	⑰	⑱	选择第三行的人数
人数	0人	1人	5人	4人	0人	1人	11人
编号	⑲	⑳	㉑	㉒	㉓	㉔	选择第四行的人数
人数	6人	1人	1人	1人	2人	5人	16人
						合计	100人

你是否感觉这份酒单中红酒的排列方式似曾相识？

不错，与之相似的便是设置于街边的自动售货机。数排罐装饮料和瓶装饮料被分为三四层并整齐地陈列于自动售货机中。

自动售货机是市场营销的缩影

我的公司曾独自对设置于东京都、千叶县和神奈川县的约 1000 台自动售货机内的商品构成进行过调查。之所以要对自动售货机的商品构成进行调查，是因为自动售货机在一定程度上是区域市场营销的缩影。该调查进行的时间为 2014 年 4 月 5 日至 6 月 2 日，采用拍照的方式，调查的内容为自动售货机的左上方、右上方、每层、左下方和右下方的商品构成。此外，该调查是针对位于繁华商业区、住宅区、道路沿线、公共澡堂、法院、旅游景点等地的自动售货机分别进行的。

近年来，日本铁路公司（Japan Railway，JR）在自动售货机的运营上一改往日依赖实际经验与直觉的方式，在活用统计数据的基础上掀起了一场自动售货机改革，并且引起了日本社会的广泛关注。借助面部识别传感器，新型的自动售货机可以对站立于前方的人的面部特征进行识别，并且以此为依据向其推荐饮料，这真令人大开眼界。顺带一提，这类自动售货机经常向我推荐橙汁（这或许意味着我生了一张娃娃脸）。

对没有配备高科技传感器的普通自动售货机来说，商品的摆放位置大多依靠为自动售货机更换商品的配送员的直觉。尽管这种方式存在局限性，但在决定自动售货机中的商品时，运营商既会参考各个放置点的实际销售数据和市场调查的结果，又会结合地域特征和销售人员的直觉，可谓深思熟虑。正因如此，自动售货机内的商品及其陈列方式中所隐藏的市场营销的线索，才值得人们深入研究。

自动售货机在日本经历了独特的发展与进化。在以“酷日本”为主题进行的某项调查中，自动售货机甚至在外国人认为最酷的日本产品中位居前列。长久以来日本特有的市场营销的基础在自动售货机上可见一斑，而其中最具代表性的便是商品的排列方式。日本的自动售货机通常有 3 ～ 4 层，包含 20 ～ 30 种商品。这些商品的排列方式在很大程度上影响着其销量。我曾向某大型饮料生产商询问其在自动售货机中摆放商品的秘诀，得到的回答是：“虽然售卖的商品会由公司事先决定，但具体的排列顺序大多交由现场的工作人员判断。”

通过观察实际的排列方式就不难发现，管理自动售货机的厂商希望推广的商品或该品牌的热销商品通常会被置于自动售货机的左上方。左上方是可以明确反映出厂商意图的重要位置。以可口可乐公司管理的自动售货机为例，可口可乐就会被置于其左上方的位置。如果你有机会见到该公司的自动售货机，请留意观察其左上方的区域。

下面我将详细介绍我们公司对设置在不同场所的自动售货机进行调查的结果。

以设置于公共澡堂正面或侧面的自动售货机为例。在左上方的位置出现最多的产品依次是：运动饮料（21 例）、矿泉水（14 例）、茶类饮料（14 例）。换言之，在所调查的位于澡堂附近的自动售货机中，将运动饮料置于左上方位置的有近 50%。

一直以来，日本民间流传着“提起公共澡堂就会想到咖啡牛奶”的说法。你或许对此也略有耳闻。即使是在家中洗澡后习惯于喝啤酒的日本民众，一旦来到公共澡堂也会不由自主地想喝咖啡牛奶。基于此，我产生了“澡堂的自动售货机里难道不是以咖啡类饮料为主吗”的疑问，但实际情况与此不同。

至于口味偏甜的咖啡类饮料所处的位置，大多是在第二层。在陈列于第二层的商品中，咖啡类饮料占其中的46.2%。这一现象说明，与“在公共澡堂就要喝咖啡牛奶”这种曾经存在的固有认知不同，咖啡类饮料已经沦为了“配角”。人们在公共澡堂里可能再也喝不到会令其怀念的瓶装咖啡牛奶了。

在设置于法院的自动售货机中，出现在其左上方位置的大多是茶类饮料。除此之外，频繁出现在最上层的饮料还包括果汁、可尔必司或奶茶一类的甜味饮料。这有可能与人们在开庭前后想让心情更舒爽或希望借助甜饮料来缓解紧张情绪的心理状态有关，毕竟法院通常不是能让人感到快乐的场所。

在设置于旅游景点的自动售货机中，茶类饮料以压倒性的高比例出现在左上角的位置。除了令人颇感兴趣的商品排列方式，设置于旅游景点的自动售货机还经常在外观的颜色和设计上与周围的景观相呼应，因此其自身也成了一道值得注目的靓丽风景。

由此可见，自动售货机这一商业领域终于摆脱了依靠人海战术的市场营销模式并步入了新的阶段。

那么，经营者究竟为何要将其希望推广的商品置于左上方呢？

从视线的移动中获得启发

出色的电视广告或海报中包含着能调动人们的潜意识的演绎手法或故事情节。这涉及了在前人的经验与研究的基础上所建立起来的法则。在这些法则之中，有一条法则巧妙地利用了人类视线移动的规律。

这一法则被称作“Z 形法则”，它利用人们在看海报、传单等广告时视线会沿 Z 字形移动的心理规律，即把希望被人们注意到的内容编排成 Z 字形呈现给受众。除此之外，作为参考，在网络世界中也存在将内容按 F 形编排的“F 形法则”。

广告或网页的版面布局都是如此以人类视线移动的规律为基础来决定的。这一规律符合日本民众的习惯。由于横排版的文章通常是从左向右书写而成的，因此在阅读时，人的视线会首先落在页面的左上方，并由此开始横向右移，此后人的视线会移动到页面最下方的左侧，并再次开始向右侧横向移动。因为视线以左上、右上、左下、右下的顺序按照英文字母 Z 的形状移动，所以人们将与之对应的法则命名为“Z 形法则”。

为了提高营业额，经营者们借助这一法则来排列自动售货机中或超市货架上的商品。

基于这一法则，如果自动售货机位于餐饮店附近，那么其左上方放置的常为茶类饮料，而如果将自动售货机设置于常被用作集合地点的场所，那么经常出现在其左上方位置的则是咖啡类饮品。如前文所述，自动售货机可以反映出其所在地的风土人情与环境特征。

借此机会，我想向各位读者介绍另一条有趣的规则，这便是“0.3 秒规则”。人类会在 0.3 秒的时间内判断其所获得的信息是否对自己有用，以及自己是否对该信息感兴趣。基于此，提供信息的一方有必要将其希望传达的信息汇总于视线可以在 0.3 秒的时间内捕捉到的范围内。

这就意味着无论销售何种产品的店铺，都必须在广告设计中力求使顾客在一瞬间（0.3 秒）就对其可以获得的信息一目了然。

对餐饮店来讲，菜单的设计就应用了“Z 形法则”和“0.3 秒规则”。实际上，在餐饮店的菜单中，从左上方向下数的第三或第四道菜是经常被顾客下单的菜品。之所以存在这样的规律，是因为顾客的视线会先落在菜单的左上方，而此时位于能在一瞬间（0.3 秒）被其视线捕捉到的“黄金地带”的正是从上向下数的第三道菜和第四道菜。

因此，开发热销菜品要遵循如下的流程：（1）决定希望售卖的菜品；（2）决定菜品的角色；（3）将菜品制作成商品；（4）确定菜品的售价、套餐组合（容易被一起点出的菜品的组合），以及贡献毛利；（5）确定菜品在菜单中的位置。

由此可见，只有在上述流程的最后一环中充分应用与视线有关的“Z 形法则”和“0.3 秒规则”，热销菜品的开发工作才算完成。如果店方希望菜品走红，那么在开发过程中就不能仅仅依靠突发奇想，或是在决定好菜品后就草草了事。

卖得好一定有原因

有利于商业经营的线索隐藏于餐饮店内以菜单为代表的各个地方。经营者如果采取僵化的思维方式和一成不变的观点，就会忽略掉这些线索。

在遭遇问题时，经营者必须结合自己的知识与经验厘清思路并建立假设。为此，经营者时而需要进行全面的学习，时而需要提高自己的感知能力，并且在此基础上发现有助于提升实际业务能力的线索，进而逐步改变对现场、现物和现实这“三现”[①]的观点。卖得好一定有原因，餐饮店经营者必须随时获取新的观点。

我所主导经营的全国连锁单间式酒馆 Curve 隐屋一度因高利润率的主力菜品销量不佳而陷入困境。如果这道主力菜品能够热销，那么在为顾客带来享受的基础上，餐厅的形象也会得到提升，与此同时，这道菜自身也有可能成为为餐厅创收的“强力得分手”。在对问题进行反复分析后，我认为这道主力菜品销量不佳的原因在于它在菜单上

① “三现”是被日本企业普遍采用的“三现主义”理论中的三要素。这一理论强调在解决问题时需要亲临“现场”，直接接触“现物”，并把握“现实”。三现主义被认为是日本经济高速增长的支柱理论。实践这一理论的代表企业包括本田、丰田、花王和 7-11 等。——译者注

被置于由 18 道独立菜品组成的菜品群的最中间。

令人感到不可思议的是，在将其调整到菜单左上方第三道菜的位置后，这道菜的月销量立即发生了戏剧性的变化，一举达到了此前的两倍以上。

那么，为什么第三道菜销量更佳？顾客为何会做出这样的选择？这种现象又意味着什么？下面我将针对这些问题做出具体解释。

菜单并不是单纯将菜品按照价格由低到高的顺序罗列而成的产物。如何将菜品安排在菜单中的适当位置？以怎样的方式对其进行展示？菜单又该采用怎样的设计？餐饮店的经营者必须将这些因素综合起来考虑，以保证菜单发挥出最大的效果。

实际上，菜品在菜单中排列的方式在很大程度上影响着其销售情况。

决定菜品排列方式的两个关键因素是菜品的价格和位置。

举个简单的例子。即使只有两道菜品，比起按照 1500 日元、580 日元的价格由高到低的顺序排列，580 日元、1500 日元的排列方式会让顾客感觉菜品在整体上更便宜。如果考虑由多道菜品组成的菜单所呈现的整体效果，那么这两种排列方式之间的差异就会体现得更明显。

此外，如前所述，位于菜单最上方的第二道菜或第三道菜更容易被顾客下单，这就说明菜单中存在容易被点出的位置和不容易被点出的位置。

对超市和便利店来讲，陈列于货架的最上层和最下层的商品不易卖出。正如在货架上排列商品时需要遵循特定的规律一样，餐饮店的菜单中也存在适合不同菜品的位置。

对餐饮店来讲，在菜单中将店方希望热销的菜品（战略商品）置于容易被点出的位置是理所当然的。为了更好地做到这一点，餐饮店在制作菜单时就必须将价格带（菜品的定价范围）和价格线（主要采用的定价）纳入考虑范围。

在生意兴隆的餐饮店用餐时，顾客总会在不知不觉间点出店方希望推广的菜品。

特意将卖得不好的菜品加入菜单

“卖得不好的菜品没有用处，因此要尽快把它从菜单中剔除。”或许餐饮店的经营者们普遍抱有这种想法。但越是生意兴隆的餐饮店就越会在菜单中保留无人问津的菜品。

相信你也有过对无用的物品动心或舍不得将其扔掉的经历。因为考虑到自己并不需要而放弃了某件心仪的商品，但同时又对它感到恋恋不舍，这种心情人皆有之。在此类心理现象中隐藏着许多可以为餐饮店带来盈利的有趣线索。

你在餐饮店里随手翻看的菜单中隐藏着“玄机”。实际上我们甚至可以说，正是由于菜单中存在卖不出去的菜品，热销菜品才会不断被顾客下单。对餐饮店来讲，有些菜品是无论销量如何都应存在于菜单之中的。商品看似各自独立，实则不然。

有些商品虽然自身销量欠佳或利润微薄，却能对另一种主力商品起到良好的衬托作用。因此在实际的商业经营中，此类商品是不可或缺的。

在开发菜品的过程中，使自家的菜品显得与众不同是餐饮店的追求。为了实现这种差异化，店方会将注意力集中于开发新的特色菜肴或热销菜品上。在餐饮店就餐时，你经常能在菜单或售点广告中看到被标注为“推荐菜品”或是“经典名菜”的店铺招牌菜。

打造出“经典名菜”并对其进行宣传推广是餐饮店常用的菜品营销策略，多数经营者都会积极地采用这种方法。

然而，尽管确实存在依靠招牌菜取得成功的案例，但恐怕鲜有餐饮店经营者真正体会过招牌菜或被重点推广的菜品广受顾客欢迎的感觉。如今从酒馆到西餐厅，无论哪家餐饮店都有经典名菜，但对于其中让你感觉手艺尚可或堪称美味佳肴的招牌菜品，你能记得几道呢？

恐怕你能想起来的此类菜品寥寥无几。说到给人印象深刻的招牌菜，以回转式寿司为例或许更容易理解。最近，日本有越来越多的回转式寿司店打着“满载”的旗号推出了配料多得离谱的“大号寿司”。

在前段时间我品尝过的某家店里，寿司中的食材竟足有寿司饭的三倍之多，令人实在难以将其称之为寿司。

招牌菜既是餐饮店希望热销的菜品，又是必须实现高销量的菜品。当然，也有一些店铺选择仅从字面意思来理解，认为即使卖不出去，招牌菜也可以代表店铺的形象。但如果招牌菜始终无人问津，就会失去其本来应具有的吸引顾客的作用。招牌菜不仅是店方希望顾客能够频繁下单的菜品，更应是能将顾客吸引到店内的“宣传材料”。这是餐饮店的经营者必须意识到的。

过去，在餐饮行业中，即使是价格稍高的菜品也可以凭借其所提供的“物超所值”的体验来打动顾客。然而，在经济状况尚不景气的当今社会，越来越多的餐饮店经营者切实地体会到，如果店方希望在激烈的经营竞争中取胜，就必须在物有所值的基础上为顾客提供绝对的低价。

话虽如此，但单纯地压低全部菜品的价格势必会对以盈利为目的的餐饮店造成致命的打击。因此，餐饮店必须想方设法地在打造菜品价格低廉的印象的同时避免压缩利润。为了达到这一目的，餐饮店需要压低部分菜品的价格并以此吸引顾客。

有些电器用品商店会打出这样的广告：“只买一只灯泡也提供上门服务”“迅速为您上门修理”。面对这样的宣传，顾客难免会产生“1只100日元的灯泡还要派人上门更换，这不亏本吗”或“这样能赚到钱吗”之类的疑问。

再比如，位于商业街的某家电器用品商店在门口的位置只摆放着电灯泡和电池等低价的日用商品。面对这种情景，顾客或许会想：“只卖这种便宜的商品，店家付得起房租吗？”毋庸置疑，商家无法仅靠销售定价100日元的商品获得利润。那么究竟出售何种商品才能盈利呢？

价格低廉的商品以日用品为代表，而日用品可以有效地缩短商家与顾客之间的距离。以此为契机，商家可以进一步挖掘出顾客的潜在需要。举例来讲，在上门为顾客更换灯泡时，员工如果发现屋内的电视旧了，就可以向主人推销新的电视；如果员工和年长的顾客建立了良好的关系，那么在老人向其咨询该给孙子准备什么礼物时，员工就可以向对方推荐电脑。

店内的商品与之同理。商家在店铺的入口区域陈列的是能够吸引或易于吸引顾客的商品，以及顾客能够轻松负担得起的商品。与此相反，摆放在店铺深处的多是顾客不会轻易选择购买的商品。换言之，前者属于在前端将顾客引入店内的商品，而后者属于在后端为商家贡献利润的商品，店方要如此对商品的角色进行区分。

这一策略同样被应用于餐饮店。店方将招牌菜品制作成广告，并借此促使顾客来店。然而无论怎样对高价菜品进行宣传，店方恐怕都难以吸引到顾客。如果顾客对某家餐饮店缺少了解，就只会留下菜品价格昂贵的印象，并且最终对这家店铺敬而远之。

那么这是否意味着餐饮店只需降低菜品的价格并对此进行宣传就可以了呢？答案是否定的。无论价格如何低廉，只要菜品不能给顾客留下实惠的印象（令顾客了解商品的价值），顾客就不会买账。

举例来讲，我时常对美仕多拿滋的 100 日元特卖动心，这是因为我对该品牌的商品有清楚的认识并了解其价值。在实际消费时，我往往不仅购买参加 100 日元特卖活动的商品，甚至还会点附带饮料的套餐。在不知不觉间，100日元特卖带给我的“实惠”这一附加价值便被额外购买的商品抵消了。这个例子说明，只有顾客容易想象其价值的菜品才适合被餐饮店用作吸引客源的前端商品。

对于以吸引新顾客为目的的广告而言，由于顾客对打出广告的餐饮店缺少了解，因此经营者要在不会破坏店铺形象的前提下为其中的商品设置绝对的低价。除此之外，经营者还需牢记的一点是，能为餐饮店带来高额利润的商品应是顾客在进店后细细品味的菜品。

餐饮店首先要做的是大张旗鼓地利用广告或店面宣传，对绝对低价且魅力十足的菜品进行展示。

大多数顾客对商品的价格都比较敏感。针对这种状况，一方面，店方应着力宣传的是价格低廉且色香味俱全的菜品；另一方面，对于能带来实际利润的菜品，店方则需要借助店内的售点广告或附有照片的菜单来吸引顾客下单。

下面让我们换个话题。从角色的角度来讲，出现在菜单中的某些菜品仅仅是为了衬托其他菜品。这是餐饮店经常使用的技巧之一。例如，在某家以“新潟”为主题的餐饮店，虽然常有顾客品尝当地特产的日本酒，但新潟的标志性乡土美食片木荞麦[①]却受到了冷落。尽管如此，店方也不能将这道菜从菜单中撤去。为了突出乡土感，片木荞

① “片木荞麦”是日本新潟地区的特色面食。厨师将经过冷却的荞麦面盘成一口可以吃下的量，并将数份如此处理的面码放在被称作“片木”的四方形木制容器上。这种荞麦面在制作时会加入鹿角菜，因此与其他荞麦面相比口感更筋道。——译者注

麦作为新潟美食的代表是不可或缺的。片木荞麦的存在为该店营造出了新潟的氛围，进而令当地特产的日本酒显得更美味，完善了店铺的形象。再比如，我的一位朋友酷爱九州美食，尤其对黑猪肉和明太子情有独钟。此人经常光顾我曾提供策划服务的某家餐饮店，但实际上他在点菜时经常会选择烤鸡肉串，并且对菜单里提供的九州特色鸡肉美食“翻滚烧”[①]置之不理。也就是说，吸引他光顾这家餐饮店的并非九州美食，而是店铺所打造的九州的印象。

由此可见，即使有些菜品很少被顾客下单，但它们仍然会出现在菜单之中，其奥秘在于它们有助于提升餐饮店的形象或打造某种主题，抑或是能起到为菜单增色的作用。

对餐饮店的经营者来说，考虑每道菜品自身的销售情况固然重要，但与此相比，更重要的是考虑全部菜品作为整体可以带来的营业额及其对利益最大化的贡献。这就要求餐饮店的经营者重视不同菜品间的协同效应。

正因如此，时下流行的菜品、有助于提升店铺形象的菜品和可以衬托主力菜品的菜品都是餐饮店的菜品构成中不可或缺的组成部分。无论销量如何，经营者都应将这类菜品纳入菜单。

简而言之，菜品的销售考验的是餐饮店经营者的整体协调能力。

---

① 翻滚烧是日本九州地区的特色美食，厨师在烹饪时将切成块的当地土鸡肉置于铁网上，用炭火直接烤制，并在最后阶段向炭火中倒入油，以最大的火力完成烧烤。由于在烤制过程中厨师会让肉在铁网上不断滚动，因此这道菜便得名“翻滚烧”。——译者注

菜单编排要考虑整体协调

在餐饮行业中频繁出现的两个词是“客单价”和“组单价”[①]，或许有些读者对客单价一词有所耳闻。不少餐饮店都很重视客单价，但这既不意味着客单价越高的餐饮店就越出众，也不意味着降低客单价就能为餐饮店带来更多的顾客。因此，提高客单价意外地成为令餐饮店经营者感到左右为难的经营战略之一。

在餐饮店就餐时，想必很少有人会仔细打听客单价的金额。但即使是这样的人也可以很容易地借助某些菜品的价格来判断一家餐饮店消费水平的高低。这类菜品中比较有代表性的是扎啤和炸鸡块。相信你也对此类菜品的价格较为敏感。

“旁边那家店一杯扎啤 450 日元，这里要 550 日元，有点贵呀。”

“但是这家店给的量更多……”

此类对话在餐饮店里不绝于耳。实际上，生意兴隆的餐饮店在开发菜品时会将每道菜的价格、客单价和组单价（将家庭、情侣、女性团体、公司宴会等一组顾客视为整体的单价）都纳入考虑。换言之，餐饮店要在对整体进行考虑和规划的基础上开发菜品。

在有些情况下，店方在经营之初就对客单价有所计划，而顾客则

① 客单价是指一位顾客在餐饮店就餐一次所产生的消费。组单价是指多于一人的一组客人在餐饮店就餐一次所产生的费用。——译者注

是在不知不觉中选择了如对方所愿的菜品。之所以会发生这种现象，是因为生意兴隆的餐饮店所采用的菜品构成方式可以令顾客在翻开菜单的瞬间就对其“一见倾心”。

菜单是餐饮店最为重要的“武器”之一。借助菜单，店方可以向顾客展示自家店铺的特征与卖点，进而以最直接的方式让顾客了解到其魅力所在。除此之外，菜单有时还可以代替宣传单向顾客传达店铺的理念，甚至发挥营销人员的作用。

在打开菜单的瞬间，顾客会结合映入眼帘的各种信息在脑海中构建对餐饮店的印象。如果餐饮店希望赢得顾客的青睐，就必须将几种因素全部纳入考虑，包括菜单中所包含的菜品、这些菜品的排列方式、菜色的整体构成、菜品的名字，以及菜单的设计。

因此，如前文所述，对菜单的制作来讲最重要的便是整体协调，这就意味着经营者要找到最理想的菜品构成方式。

你可能会问：“虽然你反复强调整体，但究竟应该按照怎样的顺序来考虑呢？”具体可以参考如下顺序：确定顾客的来店目的、组单价、客单价、每道菜的价格、主要价格带、经营模式和经营内容、制作菜单。

菜品的分类至关重要

为了提高营业额，很多餐饮店优先选择的策略是改进菜品。改进菜品的具体策略大体遵循如下流程：考虑新菜的方案、着手试做、改变烹调方法、重新研究方案或调整菜品的价格。

这种方法虽然称不上是错误的，但是在很多情况下并非最佳策略。

餐饮店之所以难以经营，是因为导致经营不利的原因多种多样，对每家店铺来讲各不相同，而且在此基础上还存在诸多造成餐饮行业整体不景气的因素。在这些因素中，近期被认为是导致餐饮店营业额减少的罪魁祸首之一便是顾客在外就餐次数不断减少。

在明确这一状况后，各家餐饮店纷纷降低了菜品的价格，并希望以这种方式吸引顾客来店。换言之，多数店铺都单纯地采取了“增加顾客来店用餐次数”的策略。然而这是否称得上最佳策略呢？

归根结底，正是因为人们减少了在外就餐的频率，餐饮行业才会陷入不景气的局面。在这个前提下，对餐饮店来讲尝试增加顾客来店用餐的次数不一定是最有效的策略。尽管“为了增加营业额，首先就要提高翻台率”是餐饮行业一直以来信奉的主流方针，但面对每名顾客在外就餐的绝对次数（分母）不断减少的现状，明明餐饮店很少能达到满员的状态，提高翻台率又从何谈起呢？因此，比起增加顾客来店就餐的次数，提高客单价或者至少避免客单价下降才是餐饮店经营者们应该考虑的重点。

回到本节开始的话题，在如何改进菜品的问题上，主要可以从以下七个方面入手：

（1）增加新菜品；

（2）用新菜品替代原有菜品；

（3）修改菜品的价格；

（4）更新菜单；

（5）开发全餐、套餐类菜品；

（6）开发新的菜品类别；

（7）调整原有的菜品分类。

按照以往的观点，餐饮店经营者在对菜品进行改进时倾向于考虑前三个方面。但如前文所述，当人们减少了在外就餐的次数时，仅仅做到这三点就难以取得明显的成效。

除此之外，改变菜品也需要较大的勇气。大多数餐饮店经营者都担心，在菜品上做出改变就意味着要同时改变店铺的经营模式或经营理念，因此，大多数餐饮店只愿对菜品做出细微的调整。这就导致顾客难以察觉菜品的改变，餐饮店的营业额也无法得到显著提升。

实际上，在上文列举的改进菜品的七种方法中，有一种方法可以带来超乎想象的效果。

这便是第七条“调整原有的菜品分类”。仅仅改变菜品的分类就使营业额出人意料地得到提升，这样的例子在餐饮店的经营实践中不在少数。

以日本某地的西餐厅 S 为例。在做出改变前，该店的菜品仅分为单品菜肴、沙拉与汤、餐后甜点以及下酒小菜这四个类别，菜品总数为 71 种。这家西餐厅的卖点是“网格烧烤”，这种菜品被归于“单品菜肴”这一类别。

针对以上状况，西餐厅 S 做出了如下调整：

（1）增加 10 种新菜品（取消 8 种原有菜品）；

（2）改变部分菜品的类别，菜品总数增加至 73 种；

（3）不以调整菜品的价格为重点；

（4）原有菜品维持原价，新增菜品的价格水平与原有菜品持平。

其中主要的改变是对菜品的分类做出了调整。在进行调整后，该店的菜品类别包括凉菜和沙拉、单品菜肴、网格烧烤、汤、小食、米饭、意大利面、比萨以及甜品 9 种。这种分类方法更细化，对顾客来说也更一目了然。

该店在对过往订单中的菜品组成进行分析后发现，网格烧烤类菜品的下单数量很高。在此基础上，该店重新研究了网格烧烤类菜品在菜单中所处的位置，并且增加了此类菜品的种类，进而将其打造成了一种独具魅力的类别。

另外，为了促使顾客既能至少下单一种网格烧烤类菜品，又能不拘于此进一步选择其他食物，该店也颇费心思。举例来讲，该店将价格低廉且可以轻松下单的小食单独列为一类，这种调整既增大了顾客选择此类菜品的可能性，又衬托出了网格烧烤类菜品的优势地位。

不仅如此，该店还将意大利面和比萨分成了两种不同的类别。这种调整既能让顾客更容易选择其中一种作为主食，又有助于避免一位顾客同时下单这两种食物的情况（意大利面和比萨都很有分量，同时点这两种食物的顾客可能不再选择其他菜品）。除此之外，将只包含冰激凌的“餐后甜点”更名为“甜品”也是为了增加其魅力，以吸引顾客在饱腹之余再享一种美味。

如果餐饮店的经营者能如此通过结合菜品的内容与价格来构思更容易令顾客下单的菜品组合方式，那么店铺的客单价就会得到提高。具体结果如表 2-2 所示。

表 2-2　西餐厅 S 调整菜品构成的效果

调整前	调整后
每桌菜品数：平均 5.1 例	每桌菜品数：平均 6.3 例
客单价：2210 日元	客单价：2660 日元

这是在维持菜品价格不变的前提下提高客单价的极好的示例。因为每道菜品的价格都维持不变，所以，造成该店客单价提升的原因并非涨价，这是顾客在认可了店方提供的菜品的价值后支付的金额。在不涨价的基础上成功提高了客单价后，西餐厅 S 的盈利结构也得到了大幅改善。

除此之外，在对菜品进行调整的半年后，西餐厅 S 的顾客数量也增加了 5%。菜品分类的改变带来了订单数的提升，同时提高了顾客对餐厅的好评率，并且最终实现了顾客人数的增加。

声音、摆盘和照片都要重视“嗞嗞感”

给顾客以“嗞嗞感”是菜品得以热销的重要原因之一。人们经常用“嗞嗞作响”一词来形容烤肉时发出的声音，“嗞嗞感”由此演变而来，描述人的感官受到刺激的感觉。在广告界和设计领域，这个词语常被用来形容一种水灵灵的鲜活感。对餐饮店而言，营造“嗞嗞感”是对菜品进行演绎的核心策略。

毋庸置疑，如果餐饮店的经营者希望建立差异化优势，那么首先就要追求菜品的独创性。然而，仅仅借助前所未有的烹调方法或与众不同的食材打造出新式菜品并不能保证餐饮店有效实现差异化。

不仅如此，新菜品的开发还会受到时间和智慧水平的限制。

在经营实践中，大体来讲菜品开发的策略是相对保守的。归根结底，这是因为很多人对于饮食都抱有保守的态度。

想必大多数人都希望在餐饮店品尝到的并非是闻所未闻的菜品，而是美味程度超乎想象或能为自己带来更多愉悦与感官刺激的热销菜品。因此，菜品开发的基础是对其进行具有创意的改编。对顾客已知的菜品进行改编正是餐饮店展现自身实力的关键。

一直以来，重视五感体验都被各家餐饮店视为有效的方式。对现代餐饮店来讲，能否吸引女性顾客来店用餐在一定程度上影响着餐饮店的经营状况，而重视五感体验在吸引女性顾客方面恰有奇效。

举例来说，声音是能体现前文所述的“嗞嗞感”的重要因素之一。听到烤牛排时发出的声音，顾客便会产生“呀，好像很美味”的感觉。除此之外，香味也是一个很重要的因素。

下面对如何改编菜品进行具体说明：

（1）在摆盘的方式和使用的容器上多花心思；

（2）在调料和香料的种类与搭配上下功夫；

（3）改变食材的组合方式；

（4）改变烹调方法或烹调方法的组合方式；

（5）选用独特的食材。

上述五种方法是改变菜品的常用方法。从（1）至（5），操作难度逐渐提升，对顾客产生影响的效果也逐渐增大。

让我们对第一条“在摆盘的方式和使用的容器上多花心思”进行说明。举例来讲，即使是毫无新意的炸薯条也可以在改变摆盘方式后给顾客留下截然不同的印象。采用符合店铺特色或季节特点的装盘方式有助于将食物衬托得更加美味。除此之外，餐饮店还可以为食物辅以装饰，如印有英语新闻的餐盘垫纸与彰显季节感的红叶或嫩叶，或者更换盛装食物的容器，这些小幅的改变都可以让菜品呈现出焕然一新的面貌。

相比于其他方法，上述方法省时省力，因此我认为这种方法对很多餐饮店的经营者来讲都简单易行。然而，由于这种方法中吸引顾客的要素一目了然，因此尽管其具有简单明了这一优点，但餐饮店在使用这种方法时仍需多花心思。

在对食物做出改进的基础上，如果餐饮店希望菜品对顾客产生更大的吸引力，就不能仅满足于追求视觉效果。为菜品辅以其他元素能令其视觉效果得到进一步提升。实现这一点的关键在于制作出可以刺激五感的菜品。

人们不仅通过舌头品尝食物，更会调动五感来品味并享受食物。因此在开发独创菜品时，餐饮店必须考虑如何在最大程度上刺激顾客的五感，进而使顾客对该菜品产生兴趣。具体可以从以下角度入手：

（1）视觉（眼）：摆盘、色彩配合、装饰等；

（2）听觉（耳）：在铁板上烤牛排时令其嗞嗞作响；

（3）嗅觉（鼻）：在气味、香料和香气上下功夫；

（4）味觉（舌）：在食材、调料、烹调手法上下功夫；

（5）触觉（手）：推出用手拿着吃的越南生春卷。

如果能以上述内容为线索并摸索出别具一格且妙趣横生的创意，那么即使没有高超的烹饪技术，餐饮店经营者也可以毫不费力地打造出独创菜品。

如果餐饮店能够成功地调动顾客的五感，那么菜品的附加价值就会得到提升，店铺也能获得差异化优势。只有将刺激感官的“嗞嗞感”与食物原有的美味相结合并将菜品提升至新的境界，餐饮店才能打造出对顾客来讲印象深刻并希望反复品尝的菜品。

气味可以刺激人的心理活动并提高其冲动性。例如，出售串烧的餐饮店经常在店门外进行烧烤，或将店内烤炉的排气口置于店铺的正面，这样做的目的是通过烧烤的气味来吸引顾客。

如果人们捏起鼻子吃东西，就会明显感觉食物的味道大打折扣。你不妨试一试。美国的某位心理学家曾经进行过向路过商场的行人借 1 美元的实验。在实验中，当研究者在能闻到咖啡香气的场所借钱时，有一半以上的路人把钱借给了他；而在没有咖啡香气的场所，只有两成左右的路人把钱借给了研究者。当闻到好闻的味道或自己喜欢的气味时，人的内心会变得更冲动，并因此更倾向于采取行动。

提及视觉体验与听觉体验，不妨以日式点心为例。在 17 世纪初，点心制作者开始在点心的名称和与之相符的设计上倾注心血。以此为起点，人们逐渐懂得了用眼睛观赏点心独具匠心的外观及用耳朵欣赏其婉转动听的名字。在原有的味觉、嗅觉和触觉的基础上，日式点心又为人们提供了视觉和听觉的享受，成了能够满足人们五感的一种饮食艺术。

不仅美食与艺术的世界有存在五感体验的必要，距离我们更近的社交网络平台同样如此。仅在 Twitter 上发布推文难以引发强烈反响，如果没有足够多的转发数就难以获得点赞。这就意味着在网络世界进行交流时人们也需要调动交流对象的五感。照片或是指向视频的链接更容易引起受众的反应，我认为正因如此，人们在 Twitter 上发表内容时才会有意识地加入视频链接。不仅如此，在 Facebook 上发表文章时，比起只包含文字的内容，附带照片或视频的内容更能引起大家的回应。

专栏
选择最低价位的宴会套餐是否最实惠

聚餐、酒会、年会、欢迎会和送别会，一年中诸如此类的大小宴会不胜枚举。

“年会宴会促销，980日元无限量畅饮。”你可能偶尔看到过包括类似内容的海报或传单。从顾客的角度来讲，宴会是一件值得期待的乐事。但从餐饮店的角度来讲，宴会的意义不止于此。每到宴会季，各家餐饮店都会秘密制定各种各样的策略，并在此基础上开展形式不一的经营活动和促销活动，行业内的竞争也会随之进入白热化。

如今，餐饮店围绕宴会开展的竞争进入了新局面，不同于以往的策略层出不穷。一直以来，发放宴会宣传册或广告传单是各家餐饮店的惯用宣传方式。然而，在现代餐饮行业面临的严峻形势下，仅仅依靠这种传统方式的餐饮店难以维持生计。

与前文提到的“980日元无限量畅饮”不同，沿用诸如“原价2500日元的宴会套餐现降价500日元”或“无限量畅饮宴会套餐仅售3000日元”等低价促销策略的店铺会在竞争中败下阵来。在过去的十余年间，餐饮店在年会阶段接待顾客的数量呈现下降的趋势。大规模宴会数量的减少最明显，与此同时，尽管各企业举办的小型宴会的数量在过去十年间始终保持增长，但其涨势在近几年也有所放缓。然而，越是面对这种不利的状况，餐饮店就越需要采取主动出击的态度来争取承办更多的宴会。

那么，获得了大量宴会预约的餐饮店是如何做到这一点的呢？为了争取到举办宴会的顾客，餐饮店的经营者必须积极地制定并实施行之有效的创新型宴会战略。

从经营管理的角度来讲，很多餐饮店采用的宴会策略中存在的一大问题便是开始着手的时间太晚。实际上，在宴会季开始前毫无准备或虽有意准备但感觉无从下手的店铺屡见不鲜。或许正在阅读本书的某些餐饮店经营者也会意识到“我也向来不做准备”或“我仅仅是按照网上教程所讲的方式做了宣传”。

即使如此，你也不必因此灰心。

餐饮店增加宴会承办数量的秘诀

近年来，或许是受到了整体经济状况不景气的影响，越来越多的小规模餐饮店也开始下大力气争取承办宴会的机会。尽管这些店铺瞄准了各大公司举办年会的时机，但它们所承办的宴会的数量也没有达到预期。这是因为在大型宴会的承办方面，连锁式餐饮店或大型餐饮企业更具优势。

这样一来，小型餐饮店又该如何与大型企业相抗衡呢？经营者需要将目标对准小规模的宴会或聚餐，而不是数十人规模的大型宴会。这其中包括季节性聚会（如关系要好的同伴之间的圣诞会）、生日会、婚宴、亲朋好友间的小聚、主妇们的聚会和逛街归来的闺蜜们的聚餐等。如果能重新对这类小规模宴会的需求进行彻底的调研，那么即使是小型餐饮店也有可能增加承办宴会的数量。

与局限于特定时期的年会不同，此类小规模的宴会在一年四季都是顾客所需要的，这一特点也有利于餐饮店提升承办宴会的数量。除此之外，针对现如今需求被不断细化的年会，餐饮店也可以在发挥自身的特点与长处的基础上予以应对。

要想获得更多承办宴会的机会，餐饮店首先要着力打造“即使是小型宴会也可以完美承办”的店铺形象。从顾客的角度来讲，在选择举办宴会的场所时，能为其提供规模恰到好处的宴会方案并辅以宣传的餐饮店更受青睐。店方可以配合顾客的用餐目的为其进行个性化设计，即使举办人数不多的宴会，店方也会真挚地为顾客出谋划策。如果餐饮店能给顾客留下这种印象，就会令对方产生“需要举办聚会时选这家店更能如我所愿”的想法，小规模宴会的预约数量也会随之增加。

如果希望成为对当地居民而言不可或缺的店铺，餐饮店的经营者就必须将目光集中于顾客对小规模宴会的需求上。

另外，在年会的高峰期，由于顾客对小规模宴会的需求也会增加，因此餐饮店必须在这一时期更加努力地应对各种宴会。

具体到实际增加小规模宴会的承办次数的方法，可以针对不同的聚会形式（如初次聚会和二次聚会）及不同的顾客群体（如女性、年轻人和中老年人）分别考虑并加以应对。很多餐饮店会常年在墙上张贴写有“本店承接宴会”的公告，然而仅靠这种方式来宣传是远远不够的。餐饮店需要设计出品种丰富的宴会菜品，并积极地向顾客进行推销。

哪种宴会套餐最实惠

下面让我们站在顾客的角度谈一谈举办宴会时选择哪种套餐最实惠。

餐饮店会在每年的宴会季开始前（即 11 月左右）开始讨论宴会的套餐

设置。

对店方来讲，首先必须考虑的因素包括店铺自身的特点、顾客的类型、宴会的目的、店铺的经营模式和顾客的期待程度等。

其次，店方需要重点考虑的便是价格的设定。餐饮店在决定价格时不能想当然地指定某一金额，而是要周全地考虑下列因素：（1）与其他店铺的比较；（2）套餐的种类和内容；（3）成本率；（4）计划销售的数量；（5）不同种类套餐的销售比例；（6）核心价格。经营者在其中应格外重视的是第五项，即“不同种类套餐的销售比例”。

以设置三种宴会套餐的情况为例，假设 A 套餐定价为 2500 日元，B 套餐定价为 3500 日元，C 套餐定价为 4500 日元。在单纯比较价格的前提下，这三种套餐在很多餐饮店的销售比例都会表现为 4∶4∶2，但这只是就普通情况而言的。从心理学的角度来讲，消费者总是倾向于选择价格更低的商品，因此 A 套餐会成为顾客的首选。但由于 A 套餐是三种套餐里最便宜的一种，顾客又会因此产生“不够体面”或“套餐的内容不够理想”的想法。在这种心理的作用下，最终多数顾客会选择价格居中的 B 套餐。

也有一些顾客并不在意价格，而是认为“应该选品质最好的套餐”“越豪华的套餐越好”或“量越大的套餐越好”。这类顾客会选择 C 套餐，因此，即使餐饮店将 C 套餐的价格稍稍提高至 5000 日元，也不会对预约的人数产生太大的影响。

对餐饮店来讲，重要的是针对这种心理制定策略。仍然结合上文的例子，A 套餐与 B 套餐在价格上相差 1000 日元。如果这两种套餐在菜品价值上的差异不足 1000 日元，那么顾客就会倾向于选择 A 套餐。也就是说，对抱有“从预算上来讲 A 套餐最好，但选最便宜的终归有些没面子”这种想法的顾客来讲，如果 2500 日元的套餐与 3500 日元的套餐相比在菜品的数量和内容上没有太大变化，那么这类顾客就会选择前者。反之，如果 2500 日元的套餐和 3500 日元的套餐在菜品价值上的差异明显超出了 1000 日元，那么在这两种套餐中犹豫不决的顾客就更有可能选择后者。因此，如果餐饮店希望顾客选择 3500 日元的套餐，就要保证顾客可以一目了然地通过菜品的数量和内容（包括食材、分量、品质、应季与否等）了解这种套餐与 2500 日元的套餐之间的差异。与此相反，如果 3500 日元的套餐所包含的菜品数量同样不多，抱有“这次选择量少一点的套餐也没关系”这种想法的顾客就能消除内心的障碍，选择 2500 日元的套餐。

综上所述，餐饮店在设置宴会套餐时应考虑店方对不同套餐的销量的期望值，并且从整体上把握各种套餐之间的平衡。

换一种视角来讲，餐饮店还可以利用“对比效果”这一心理现象。如果店方希望顾客能接受 3500 日元价位的套餐，那么比起仅设置这一种套餐并大力促销，同时推出价格更高、更豪华的套餐或所含菜品令人感到穷酸的低价套餐与之形成对比会带来更好的效果。比起仅有一种 3500 日元的套餐的情况，推出三种不同价位的套餐更有利于在整体上提升宴会套餐的魅力，进而可以提高售出的套餐总数。

那么让我们回到选择哪种套餐最实惠的话题。在上述三类宴会套餐中，店方通常会将 B 套餐设置为最容易被顾客选择的一种，也会理所当然地期待

B 套餐能为其带来最大的收益。一般来讲，售价 2500 日元的 A 套餐的成本率约为 40%，售价 3500 日元的 B 套餐的成本率约为 32%，售价 4500 日元的 C 套餐的成本率约为 30%。综合销量与成本率来考虑，餐饮店会希望卖出更多的 B 套餐。但是对顾客来讲，最合算的果然还是 A 套餐。这是因为 A、B 两类套餐的价值差距与二者的价格差距并不相符，实际上 A 套餐和 B 套餐在食物自身的品质等方面并不存在悬殊的差异。能通过宴会套餐盈利的餐饮店依靠套餐内所含菜品的数量（而非品质）拉开不同价位的套餐之间的差距，并借此令顾客产生错觉。

第三章

为何要在点单 30 秒内端上扎啤：与时间有关的行为学与身体语言学

CHAPTER
03

餐饮店服务员端上第一份饮品的时间越早越好

庄屋[1]旗下的各家酒馆必须在 30 秒内为顾客提供所点的第一份饮品，否则店长和店员的考核成绩就会受到影响。不仅如此，庄屋品牌的某家酒馆还曾在食物储藏室里张贴写有“30 秒内提供饮品”的提醒。

曾经，我的公司以和民、鱼民、庄屋和白木屋这四家连锁酒馆为对象进行过关于“提供第一份饮品的时间”的调查。调查结果如表 3-1 所示。

表 3-1　提供第一份饮品的时间的调查概要与结果

点单内容	扎啤、柑橘及水果沙瓦[2]（鲜榨类除外）、冰乌龙茶
计时方法	从所点饮品被输入手持式点菜器开始到将所有饮品端上桌为止
其他	上座率 50% ～ 70% 的时间段（没有满员但有一定数量的顾客）
调查结果	和民　2 分 21 秒 鱼民　3 分 3 秒 庄屋　2 分 8 秒 白木屋　1 分 49 秒

注：1. 和民品牌中包括和民家。
2. 被调查的各品牌的店铺均位于东京市中心的涉谷区和新宿区的繁华商业街。
3. 对各连锁品牌均进行 8 次调查，结果为 8 次的平均值。

---

① 庄屋及下文提到的和民、和民家、鱼民和白木屋均为日本的连锁酒馆品牌。其中和民家是和民旗下的准连锁店，由在和民工作数年的员工出任店长进行经营。

② 沙瓦是美国和日本常见的一种酒精饮料，由蒸馏酒、果汁、甜味成分（砂糖或糖浆等）及碳酸饮料调配而成。

餐饮店为何要重视提供第一杯饮品的速度

各家餐饮店都很重视提供第一份饮品的时间。这是因为如果店方能让顾客在用餐之初感到心情愉快，就能给顾客留下良好的第一印象，这将有利于店方开展后续的服务。因此，餐饮店经常要求其员工在两分钟内为顾客提供第一份饮品。

对餐饮店来讲，为服务赋予“故事性”是经营活动的重点之一。从迎接顾客进店到送顾客离店，店方提供服务的整个流程，即“故事情节”至关重要。为了让顾客在用餐过程中自始至终都保持惬意的心情，店方需要将服务的过程演绎为一个行云流水般的故事。只有做到这一点，餐饮店才能真正实践令顾客满意的待客之道。

在“讲故事”的过程中，餐饮店需要重视的是结合顾客的特点进行演绎。店方需要了解顾客来店用餐的目的，例如，有些顾客是和伴侣约会，有些顾客是与家人聚餐，还有些顾客是和朋友欢聚。针对不同的用餐目的，服务的演绎方式也要有所改变。为做好这一点，生意兴隆的餐饮店所雇用的优秀员工会从顾客一进店就开始对其进行仔细观察。换言之，为了赢得顾客的青睐，店方需要在入口处，即服务的最初阶段就全力以赴。

进一步讲，在顾客踏入店门的瞬间，服务的故事便随之上演。因此，对餐饮店而言，在入口处对故事情节的演绎是令顾客带着好印象开始享受一系列服务的第一步。随之而来的便是顾客的第一次点单。

在进店时留下的良好的第一印象有助于提升顾客在随后的用餐过程中对餐饮店的印象。如果能将这个势头保持下去，那么在顾客埋单时，店方就有可能获得高评价。

在很多情况下，如果顾客在进店时体会到了宾至如归的感觉，那么即使店方提供服务的过程使顾客感到不满，顾客也可以将其大事化小。这是因为顾客在进店之初就留下了“这家店真令人心情舒畅”的好印象。

正因如此，各家餐饮店才会格外重视顾客所点的第一份饮品。这既是店铺与顾客的第一次直接对话，又是顾客用餐过程的开始。

第 1 名是平均用时 1 分 49 秒的白木屋

如表 3-1 所示，在本次对“提供第一份饮品的时间”进行的调查中，我们遗憾地发现仅有白木屋达到了“两分钟以内”这一要求。我曾经在熟人的介绍下与庄屋的经营者会面，当时对方热切地表示“第一份饮品是关键，要在 30 秒内提供给顾客”的情景还历历在目。

正因为熟知顾客对店铺的第一印象的重要性，各家餐饮店才会重视为顾客提供第一份饮品的速度，大型连锁酒馆更是将这一点视作服务工作的重中之重。

第一印象的重要性不仅局限于餐饮店。对树立形象与打造品牌来讲，最重要的主题便是塑造良好的第一印象。经营者必须重视第一份饮品，即“第一次亮相”，并且提升顾客在来店之初体会到的惊奇与欣喜之感，即最初的“赞叹”。

店内至少存在 3 种“时间标尺”

“时间”是衡量餐饮店服务的标准之一。店方要对时间进行管理。这里所讲的时间既包括提供菜品的时间、等待的时间、服务间隔的时间和领位的速度等客观因素，也包括顾客对时间的知觉和主观感受。将这两方面综合起来进行的时间管理影响着顾客对餐饮店的印象。

当你外出就餐时，你在上菜前要等几分钟？由于经营模式的不同，各家餐饮店上菜的速度千差万别。通常来讲，以家庭餐厅为代表的供人们解决一日三餐的餐饮店的上菜速度约为 20 分钟，在午餐时段的平均上菜速度则约为 8 分钟，而上一节中提到的酒馆提供第一份饮品的时间甚至被要求为 2 分钟以内。在此基础上，如果顾客在就餐当日状态不佳或因遭遇店员的恶劣态度而感到烦躁时，那么即使等待了相同的时间，顾客也会在主观上感觉比平时更久。

顾客可以接受的等待时间会随不同的情况发生变化。在午餐时段等时间有限的情况下，长时间的等待会使顾客感到更加烦躁。对于此类针对上菜时间的投诉，餐饮店可以采取一定的办法以防患于未然。

举例来讲，在女性顾客催促“我点的意大利面怎么还没好”时，如果店员回答“马上就好”就必然会招致对方的反感。店方在回答此类问题时必须具体说明还需等待多少分钟，特别是在面对女性顾客时，含糊其辞且答非所问是餐饮店的大忌。

对于类似的询问上菜时间的问题，店方也不能给出“请再稍等片刻”或“已经在做了”之类的敷衍的回答。此类答案无法消除顾客的不安。只有清楚地了解到还要等待几分钟才能上菜，顾客内心的烦躁才能得以平复。因此，餐饮店应准确地告知顾客其需要等待的时间。对于餐饮店以外的其他企业来讲也是如此，经营者应该准确地告知顾客准备商品或运送商品所需的时间。

为此，经营者需要留意店内存在的“时间标尺”。以餐饮店为例，存在以顾客为基准、以大堂状况为基准和以厨房员工为基准的 3 种时间标尺。厨房的员工经常忙得天旋地转，因此对他们来讲 10 分钟的时间转瞬即逝。但对等待菜品上桌的顾客来讲，可能会感觉已经过去了两倍于此的时间。在不同的情况下，店内存在的时间标尺可能不止 3 种。

一方面，对餐饮店的经营者来讲，重要的是从时间的角度来调整为每名顾客提供服务的状态。经营者可以在小票上标注“点菜时间”与“上菜时间”，并且对比小票观察各桌的上菜状况，以在整体上对店内空间中的时间流逝进行感知。这样一来，经营者就可以结合顾客的用餐状况为其进行服务（如“那桌客人点完菜已有 20 分钟，菜品还没上桌，应该去厨房看看情况”，或“这桌客人的菜还没吃完，可以放慢上菜的速度”），并且逐渐掌握厨房出菜的规律和店内顾客就餐速度的特点。

另一方面，在向厨房询问上菜所需的时间时，即使厨房员工回答“马上就好”，经营者也必须向其确认“还有几分钟”。“马上”可能是指马上就要装盘了，也可能是指马上开始做。如果是后者的情况，经营者却告诉顾客“马上就为您上菜”，就很有可能招致顾客“明明说马上就上菜，却左等右等都不来”的投诉，使局面变得难以收拾。如果还需要 10 分钟才能做好，那么经营者就应该礼貌地告诉顾客：“从现在算起还需要 10 分钟，能请您再稍作等待吗？”

影响时间流逝速度的因素

为数众多的商业类书籍中都会提到“时间面前人人平等”的观点。然而即使是相同的 1 天 24 小时，对不同的人来讲其流逝的速度在主观感觉上也是不同的。这是无可争议的事实。

有些人感觉一天的时间很长，也有些人感觉一天的时间转瞬即逝。24 小时的长度因人而异。人们对时间流逝速度的感觉还受到所处的环境与年龄等因素的影响。通常情况下，对于同样的 1 小时，与儿童相比，获得的信息量更大的成年人会感觉它流逝得更快。在此基础上，处于积极情绪（如愉快）中的人会更明显地感觉到时间过得飞快。

除此之外，有实验证明代谢也会影响人们对时间流逝速度的感觉。该实验的结果显示，随着代谢水平因年龄增长而下降，人对速度的感觉也会有所变化。当代谢水平降低时，人们内心的时间流动会随之变得缓慢。例如，有些实验参与者在感觉经过了 1 分钟时做出示意，却发现实际已经过去了两分钟。内心的时间流动得越慢，人们就会感觉时间过得越快。

结合上文提到的餐饮店的例子和有关代谢的实验的结果，我将列出影响时间流逝的代表性因素。

- 在面对难度大或不容易解决的问题时，人们会感觉时间过得更慢。
- 比起各自独立的事件，在各个事件串连成一个故事时，人们会感觉时间过得更快。
- 频繁看表的人感觉经过的时间更久。
- 在狭小的空间中，人们感觉时间过得更快。
- 人们在感到痛苦或恐惧时会感觉时间过得更慢，在感到快乐或喜悦时则会感觉时间过得更快。
- 人们在获得的信息量更大时会感觉时间过得更快。
- 人们在代谢水平下降时会感觉时间过得更快。

如上所述，餐饮店需要对时间保持高度敏感。正因如此，店方才有必要迅速为顾客提供其所点的第一份饮品。

不仅如此，第一份饮品也是决定餐饮店能否获得回头客的最初的考验之一。特别是在顾客感觉时间过得很快的情况下，如果店方能够迅速为顾客提供服务，就可以给对方留下完美的印象，进而提升其再次来店用餐的概率。

餐饮店的服务水平与店方对店内“时间标尺”的掌控息息相关。

第一印象为何很难改变

无论在工作中还是在生活中，很多人都对自己留给他人的第一印象缺少自信，因第一印象而感到烦恼的人也不在少数。实际上，包括我在内的许多经营者都格外重视第一印象。这是因为，如果没有发生特殊情况，第一印象通常难以改变。

在初次与他人会面时，你或许会笼统地对对方做出“这个人感觉不错”或“我和他似乎能合得来”之类的判断。然而这种判断一旦形成就很难得到修正。

正因如此，在各种商业活动中，如果人们能在初次见面时给对方留下良好的印象，那么这种印象就很有可能被保持到最后，进而促使该项商业活动在对活动举办方有利的条件下顺利进行。

在心理学中，这一现象被称为“首因效应”。最初的印象或最后的印象能最长久地保存于人们的记忆中。在这里让我们来了解一项由美国心理学家乔治·米勒（George A. Miller）进行的与首因效应有关的实验。研究者准备了描述同一人物的两篇文章，分别让两组学生阅读，然后调查学生对该人物的印象。文章的结构如下所示。

- **文章** 1
  文章开篇对人物的描述：外向的性格；
  文章后半部分对人物的描述：内向的性格。
- **文章** 2
  文章开篇对人物的描述：内向的性格；
  文章后半部分对人物的描述：外向的性格。

实验结果显示，阅读了文章 1 的学生倾向于认为其中描述的人物是外向的，而阅读了文章 2 的学生倾向于认为其中描述的人物是内向（非外向）的。

除此之外，心理学家所罗门·阿希（Solomon E. Asch）进行的有关“印象形成”的实验也得到了相同的结果。该实验验证了中心特征对印象形成所产生的影响。

印象形成是人们在了解他人时经历的心理过程之一。在这一过程中，人们借助对方的相貌、声音、举止和外界评价等有限的信息来推测对方的整体人物形象。在实验中，研究者以如下的方式列举出某一虚构的人物的性格特征，并且要求实验的参与者对该人物的整体形象进行推测。

- **列表** 1：智慧、灵巧、勤奋、热情、果断、实际、谨慎。
- **列表** 2：智慧、灵巧、勤奋、冷漠、果断、实际、谨慎。

实验结果表明，参与者认为列表 1 描述的人物为人热情，列表 2 描述的人物为人冷漠。这一结果表明，人们并非在对所获得的各种信息进行综合的基础上形成对他人的整体印象，而是会留意其中重要的部分，即中心特征（在本实验中为“热情”和“冷漠”这两个不同的性格特征）。

在这一实验中，研究者还以如下的方式设置了另一个虚构的人物。

- **列表** 1：智慧、灵巧、勤奋、热情、果断、实际、谨慎。
- **列表** 2：嫉妒、固执、爱批评人、强壮、勤奋、智慧。

研究者在利用这两个列表进行实验后发现，参与者倾向于认为列表 1 描述的人物是智慧的，而列表 2 描述的人物是容易嫉妒的。这个实验表明，当被列举出的人物特征没有规律且不存在共性时，参与者会通过最初的印象来对人物的整体形象进行定义。

上述实验及其结果表明，第一印象尤为重要，并且这一印象在形成后很难得到改变。

第一印象在 3 秒内见分晓

我在上文中讲述了第一印象的重要性。人们常说决定第一印象只需要 3 秒。

影响第一印象的主要因素包括视觉因素、听觉因素和语言因素。这一理论的依据是美国心理学家阿尔伯特·梅拉比安（Albert

Mehrabian）针对“人们以哪些因素为依据来对初次见面的人做出判断”这一问题进行的研究。该研究的结果如表 3-2 所示。

表 3-2　人们以哪些因素为依据来对初次见面的人做出判断

与视觉（外观）有关的因素（55%）	与听觉有关的因素（38%）	与使用语言有关的因素（7%）
仪表、面部表情、动作、姿势、着装的品位、色彩搭配、视线、手势等	声音的大小、音色、音调、发音吐字、语速等	问候语、礼貌用语、语言风格、内容、组织方式、故事性、专业术语的正确性等

如表 3-2 所示，视觉因素所占的比例竟高达 55%。既然视觉因素占比如此之大，那么有了 3 秒的时间，人们就有可能在脑中构建起对方的形象。

正因如此，生意兴隆的餐饮店才会格外重视顾客进店的瞬间。

如前文所述，店方在顾客进店的阶段和结账的阶段做出的应对至关重要（与结账有关的内容将在第四章详细讲解）。

举例来讲，店方在顾客进店时招待不周，工作人员做不到礼貌地向顾客打招呼，领位人员没能为顾客安排理想的席位，或服务员对顾客爱答不理……如果一家餐饮店给顾客留下诸如此类的糟糕的第一印象，那么顾客就会带着这样的印象完成用餐，如此一来，即使是细枝末节的问题也会导致顾客在埋单时向店方提出投诉。

所以餐饮店要通过出色的第一印象来给顾客的就餐过程一个良好的开端。把握住 3 秒的时间，店方便可占得先机，因此我认为餐饮店应该利用第一印象一决胜负。

下面我将介绍提升第一印象的秘诀。

从外表开始改变，使“第一次亮相”更具魅力

对第一印象来讲，“第一次亮相”非常重要。

如字面意思，所谓第一次亮相，是指在与顾客进行第一次接触时，餐饮店的工作人员最初的神态与动作。第一次亮相会对印象形成产生重大的影响。

那么，怎样才能将第一次亮相完美地展现给对方呢？答案非常简单，这便是从外表开始改变。这也是有助于建立更出色的自我的一种方法。换言之，要从行为和与之相符的容貌与姿态入手来促使事物向好的方向转变。这便是我们所谓的改变的第一步，即改变第一次亮相。

很多成功人士都表示：“我成功的原因在于第一次亮相非同凡响。”实际上，如果能在不断重复的基础上使第一次亮相时的举止和姿态成为习惯，就可以建立起一种更能给他人留下良好印象的行为方式，并且将其长久地保持下去。

餐饮店也非常重视这一点。因此为了从外表开始改变，经营者可以尝试对姓名牌进行装饰，使用更华丽的名片或更换一副风格略显不同的眼镜。带上满面的笑容也是改变外表的方式之一。

迄今为止，在商业领域中被作为常识广泛传播的理念是“不改变内心就无法改变行为”，因此主张对心理层面进行改造的“本性至上论”占据了主流地位。然而，改变内心需要经历漫长的过程，往往花费数年时间才能使某一方面得到改善。

比起静待内心的改变，更简便、快捷的方法是跳过这个阶段并从改变行为开始。如果人们可以将行为固化为习惯，就能以更快的速度提升自身能力。

所谓“第一次亮相”，你可以按如图 3-1 所示的方式来理解。

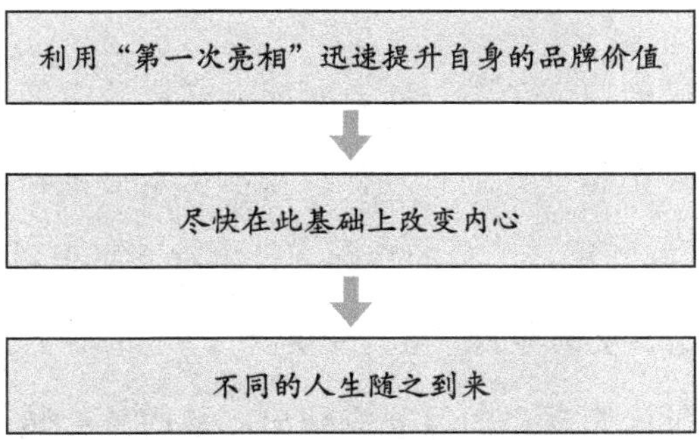

图 3-1 “第一次亮相”的重要性

为了在商业活动中取得成功，人们需要格外重视“第一次亮相”。作为重点，首先要有效地向对方展示自己的与众不同之处。在此基础上，要让对方产生“有趣”“是个有魅力的人”“和其他人不一样”之类的想法。总而言之，在对方的脑中植入“能干的人”或“有所作为的人”等印象是至关重要的。在做到这一点后，就要竭尽全力地做出成果。

对商务人士来讲，如果能顺利地对自己进行品牌化，那么其自身价值就会得到提升，聚集到其身边的人的品质和数量也会随之发生改变。这样一来，人们就更容易获得更好的商机，并且邂逅更优质的客户。除此之外，将自己品牌化还能明确前进的方向，并且使自身的优点更加深入人心，甚至让生活也开始变得一帆风顺。

由此可见，在"第一次亮相"取得成效后，人们应尽快着手将自己品牌化。

放大顾客的"第一声赞叹"

至此，你已经理解了第一印象对商业活动的重要性。在此基础上，为了进一步把握住好的开端，经营者就有必要注重"第一声赞叹"。在建立良好的第一印象的基础上带给对方更强烈的触动，我将这种做法定义为引发顾客的"第一声赞叹"。

单纯依靠时尚而新奇的服装或别出心裁的外部装修是远远不够的。举例来讲，有些餐饮店只将店铺的外观装修得格外引人注目，毫无疑问，这种做法可以有效地引来顾客的注意。然而，即使能靠抢眼的外装吸引顾客进店，但店内大煞风景的装潢却完全无法令顾客心动，那么这种情况给顾客造成的期待落差反而会给顾客留下负面印象。

经营者必须同时提供能让顾客怦然心动的要素，以促使对方产生

“这个人可能会为我做些什么”或“与此人相处似乎会很快乐”的期待感。有能力令对方心动不已的人在各种场合都具有优势。

有些人即使仪表堂堂也会受人冷落，而有些人外表并不出众却备受欢迎。之所以存在这种差异，正是因为后者身上具有令人心动的要素。

如前文所述，第一印象的差距会在形成后不断扩大。由此可见，如果经营者能提高引发“第一声赞叹”的能力并给对方留下更深刻的好印象，就可以令之后与对方建立起的关系向有利于自己的方向发展。

下面我将介绍更有效地引发“第一声赞叹”的要点。

1. 善用能在一瞬间给对方留下深刻印象的小道具或行动

使用形式新颖的名片，毕恭毕敬地行礼或是在握手时使用双手都有助于给对方留下深刻的第一印象。以我为例，我的名片采用了引人注目的折叠式设计，共有 8 个面，并且使用特别定制的纸张制作而成。除此之外，名片的正面还印有我的卡通肖像画。在 25 年前我曾得到过安东尼奥·猪木①先生的名片，名片上猪木先生的肖像画给我留下了深刻的印象，此后我便借鉴了这一灵感。收到我的名片的人大多会表示“真有趣”或“真是帅气的名片”，我们之间的对话便由此展开。我的眼镜也是独一无二的定制品，几乎每个第一次与我见面的

① 安东尼奥·猪木本名猪木宽至，曾是日本的职业摔跤运动员，现任日本参议员。他名下拥有以职业摔跤为主题的酒馆安东尼奥·猪木酒场。——译者注

人都会问起它。眼镜是很容易为对方提供话题的道具之一。

2. 采取与自身品牌相符的思维方式和观点，并且理解自身品牌的理念

无论在最初带给首次见面的人怎样的触动，如果它有悖于经营者自身的形象和其希望打造的自身品牌的理念，那么这种触动就显得毫无意义。除此之外，对自己进行品牌化的关键归根结底在于开始的阶段。经营者在考虑“第一声赞叹”时应牢记这种观点。

3. 进行与自身品牌的理念相符的演绎

假设你是一名营销员，希望自己的业绩突飞猛进，能站在顾客的立场做出细致入微的应对，并且懂得察言观色。然而现实中你却顶着一头乱发，对外露的鼻毛不加修剪，说话时还会散发出口臭。更有甚者，你穿着皱巴巴的西装，在说话时不会直视对方的视线，还总是弯腰驼背。这样一来，你便会给对方留下恶劣的第一印象，而这种印象与你自己描绘的品牌形象相差甚远。为了避免这种情况，经营者希望打造的自我品牌的形象与其外部演绎必须互相吻合。

4. 利用视觉效果包装自己

经营者要从整体上打造（如发型与着装）自己散发出的气质，既要在穿着打扮上具有一定特色，又要给人以健康向上之感。

在利用视觉效果吸引初次见面的对象后，与对方拉近距离的下一

个行为便是微笑。这一方法简单却有效。这是因为在多数情况下，人们在初次见面的 3 秒内就会形成对所见之人的第一印象。于是在见面的瞬间，人们的形象就已经作为画像被保存在对方的脑中了。正因如此，人们才要利用笑容给对方留下更好的印象。获得一个人的好感意味着打动对方的内心并使对方的感情产生波澜。想要做到这一点，最初的笑容是不可或缺的。

为了给对方留下良好的第一印象，有些人因为过于重视视觉效果而佩戴了大量的名牌饰品。如果这类人在时尚方面的品位与对方不合，那么这种做法就会造成适得其反的效果，因此选择无可非议的着装打扮更妥当。名牌并不等同于时尚。

5. 注意初次交谈时的说话方式、语调及问候语

有些人在与别人对话时口齿不清或说话声音很小。在初次交谈时，因为不好意思向对方表示“请再说一遍”，所以人们与这类人进行交流的愿望在一开始就会大幅降低。如果你也是这样的人，那么你试图引发“第一声赞叹”的努力就很有可能以失败告终。为了不让对方为难，请在说话时注意做到吐字清晰且声音洪亮。

与对方交谈时另一个理所当然的要点是必须要注视对方。这种做法可以向对方传达一种认真、诚恳的态度。

如前文所述，为了打造自我品牌，制造良好的第一印象是重要的主题。

换句话说，请重视第一次亮相，并且在此基础上提升“第一声赞叹”的效果。

用3分钟彻底留住顾客

“欢迎光临。请问是两人用餐吗？请随我来。”

“请问我该怎么称呼您？我叫某某，是本店的店长。”

“今天真热呀。某某女士，您的衣服真漂亮。某某先生，您的西装真精神。”

“本店的特色菜是……”

“让您久等了，这是您点的扎啤。”

“您家的孩子真可爱。”

只需要3分钟，在生意兴隆的餐饮店工作的优秀员工就会以这样的方式问出顾客的姓名，为顾客和其同行者送上赞美之词，并且在两分钟内为其提供第一份饮品。

之所以采取这样的行动，是因为这些员工清楚，从最初的3秒到3分钟之间的这段时间对餐饮店来讲是决定胜负的关键因素之一。

在上一节中，我们讲述了如何在3秒内引发“第一声赞叹”并紧紧抓住对方的心。在见面之初你给对方留下的良好印象能使自己在此后与对方相处的过程中处于有利地位。在此基础上，我想讲的是在引发“第一声赞叹”后如何更有效地促使顾客做出在此用餐的最终决定。

这件事的成败在很大程度上取决于经营者能否在最初的 3 分钟内说服对方。举例来讲，对餐饮店而言，3 分钟的时间足够顾客进店就座。对零售商店来讲，顾客足以在 3 分钟内环顾店内空间。由此可见，只需 3 分钟的时间顾客便能了解店铺。在商业活动中与对方初次见面时也是如此，在 3 分钟的时间内，双方可以交换名片、互相问候，并且进行简单的自我介绍。在这一过程中，人们无疑已经确立了对对方的印象。

正因如此，我希望你无论在生活中还是工作中都可以思考如何能更为有效地向对方推销自己、菜品（商品）和自己的店铺（公司）。

人会在 3 分钟内做出决定

对于不同的对象，人们会无意识地采取不同的态度和说话方式，并且调整自己与对方交往的方式。在这个过程中，对于抱有“似乎为人善良”或“好像可以信赖”等好印象的对象，人们会更愿意敞开心扉去倾听并接受对方的话语。

那么为何要强调 3 分钟呢？这与人类集中注意力的能力有关。有研究表明，人们可以对一件事物保持浓厚的兴趣并将注意力高度集中于此的时间通常仅有 3 分钟。一旦超过 3 分钟，人们的注意力就会逐渐分散。在大多数情况下，人们在 3 分钟后就会逐渐听不进对方的话并开始思考其他事情。一旦对方进入这种心猿意马的状态，那么无论经营者向其推荐菜品还是对其进行自我展示都会落得事倍功半的结果。正因如此，如果你希望对方接受自己的诉求，就一定要在最初的 3 分钟内表述清楚。

鉴于此，"3 分钟会议"应运而生。会议主持者首先简明扼要地阐述相关事务的重点，随后领导或上司迅速做出决定并明确方针，会议就此结束。如果与会者能有效地利用这 3 分钟的时间，并且集中注意力进行思考，就可以得出有益的结论。

人生是不断进行选择的过程。请你尝试回想，在不得不做出选择时，无论花费多少时间冥思苦想，在最初的 3 分钟内做出的判断通常都会成为你的最终决定。

想来，奥特曼[①]也总是在 3 分钟内决出胜负。显而易见的是，奥特曼在事前就对如何在这 3 分钟的时间里消灭怪兽有所计划。与奥特曼类似，盈利的餐饮店也总是力争在 3 分钟内说服顾客。由此可见，最初的 3 分钟是决定餐饮店兴隆与否的关键因素之一。

① 奥特曼是日本家喻户晓的系列电视剧中的核心人物，是来自于 M78 星云的宇宙人。在追捕怪兽的过程中，奥特曼来到地球，后将生命寄托于被卷入战斗而殒命的地球人早田进身上，开始为守护地球的和平与怪兽战斗。该剧始于 1966 年并一直持续至今。剧中奥特曼能以本来面目活动的时间被设定为 3 分钟。——译者注

预约 18:45 的晚餐席位：善用沟通方法成功获取下次预约

“哎呀，这家人气兴旺的餐厅今天也满座了。”每逢周末，大受欢迎的餐饮店都门庭若市，并且店方每天都会因为满座而不得不谢绝一部分客人进店。在这些没能进店用餐的顾客中，初次来店的人不在少数。

这是没有预约的顾客自己的问题吗？是不是只要生意兴隆店方就不必在意这种状况？有些餐饮店虽然一度生意红火，却从某一时期开始突然变得门可罗雀。也有些餐饮店可以一直保持兴旺。这种差异从何而来？

这个问题的答案存在于餐饮店谢绝顾客和送别顾客的方式中。

严禁向顾客表示“没有预约就不能进店用餐”

有些行动虽然不能直接转化为营业收入，却是经营者有必要采取的。在某些情况下，能在最后为餐饮店带来效益的正是此类效率不高的行动。

“打扰一下，有两个人的位置吗？”

“您预约过吗？没有预约的话今天不能为您安排用餐。”

有些餐饮店的工作人员会像这样带着无可奈何的表情生硬地拒绝

顾客。或许你也曾有过类似的经历。

在因满座而不得不拒绝顾客的用餐需求时，由于店内忙得不可开交，有些餐饮店的工作人员不是将顾客送出门外，而是在收银台附近向顾客礼貌地致歉并婉言谢绝。然而，这种水平的服务最终会造成店铺的营业额逐渐下降。

对经营者来讲，店铺的生意红火到不得不谢绝部分顾客的程度或许是最理想的状况。然而经营者切不可因此就带着“我的店已经忙碌到了要把顾客打发走的程度”的想法而采取妄自尊大的态度。

以实际情况来讲，由于餐饮店采用“最大化经营”（以最高营业额，即生意兴隆之日的营业额作为基准），因此店内席位的数量是根据生意红火的周末的顾客人数决定的。这就使得店内在工作日总是留有空席。在这种情况下，如果经营者认为“周末的席位总是被预订一空，因此只好谢绝顾客进店”，并且在此基础上对顾客采取傲慢的态度，那么这家店铺就始终无法改变工作日里冷冷清清的营业状况。更何况，经营者也难以保证始终维持周末的满座状态。对零售商店来讲也是如此，如果经营者认为在周末因商品大卖而出现断货的情况实属无奈，那么店内商品在工作日的销售状况就难以发生好转。经营者的当务之急是在顾客更集中的周末进一步提升服务质量并获得顾客的好评。如果能做到这一点，餐饮店就能获得更多顾客的用餐预约，还会有顾客为了避开高峰时段而提早来店。除此之外，面对周末人满为患因而一座难求的状况，有些顾客就会选择在工作日来店用餐。

也就是说，通过在顾客会主动上门的周末扩大好评，餐饮店最终可以提高工作日的上座率。

正因如此，常年保持生意兴隆的餐饮店会格外注意送走在高峰时段没能进店用餐的顾客的方式。

让没能进店的顾客感觉“这家店真好”

确实，在顾客因满座而无法进店用餐时，店方只能请顾客离开。然而在这种情况下，如果店方能以正确的方式送顾客离开，就可以将不得不谢绝顾客进店的局面转化为促使其再次来店的机会。下一次顾客可能会选择提前预约，也可能会避开周末的客流高峰而在工作日来店。

“今天满座了也没办法，下次再来吧”“虽然没吃成饭，但这家店真不错”“不愧是受欢迎的餐厅，店员人真好”……正确的送走顾客的方式能令顾客产生诸如此类的想法。对餐饮店来讲，能让特意前来用餐却吃了闭门羹的顾客再次来店无疑是最理想的。

为此，店方就需要着力改变一直以来所采用的接受预约的方式，例如根据店内的上座情况灵活调整接受预约的数量，或在顾客预约时就缩短用餐时间与对方达成共识。

下面我将具体说明在谢绝顾客的用餐需求时店方应用心做到及注意避免的要点。

1. 顾客没有预约、店内满座或菜品卖完的情况

- 要全面突出感谢顾客特意前来捧场的心情。不能摆出“本店人气太旺，出现这种状况实属无奈”的傲慢态度。
- 要准确告知顾客需要等待的时间，并且说明等待的方式及前面等待的人数。
- 即使增加自己的工作量也要采取一切能为顾客行方便的行动，如利用短信等方式随时通知顾客可以进店的时间。

2. 顾客执意离开的情况

- 要告知顾客每周哪几天、每天哪个时间段及每年的哪个时期客流较为集中，并且恳请顾客尽量避开客流高峰，以引导对方进行下次来店的预约。
- 店长要亲自向顾客道歉并递上名片，同时询问顾客的姓名，力求以此为契机与顾客保持联系，进而让对方留下好印象。
- 通过提供无限期的优惠券的方式鼓励顾客再次来店，并给对方留下“来对了”的印象。不能在谢绝顾客之后向对方派发限定了使用期限的优惠券以催促对方尽快再来。
- 要礼貌、周到地将顾客送出门外。

在各位读者看来，采取上述行动会带来怎样的结果呢？初次来店的顾客因为店内满座而没能获得用餐的机会，却在当场就进行了预约，并且在下次来店时已然成了能和店长像熟人一般寒暄的老主顾。

下面让我们站在顾客的角度来考虑。如本节的副标题所言，有一种方法有助于顾客成功取得预约。

在一定程度上，各家餐饮店安排预约的方式存在如下的共同规律。

- **一组顾客的用餐时间**：2 小时（有时间限制）。
- **下一组顾客交替进店的时间间隔**：30 分钟。
- **预约开始的时间**：一次预约从整点（如 19:00）或半点（如 19:30）开始。

这是餐饮店安排预约的标准方式。假设一家餐饮店有编号为 A 至 L 的 12 张餐桌，在预约名额已满的前提下，通常会出现如表 3-3 所示的状况。

表 3-3　餐饮店在高峰时段的预约情况及用餐结束时间与下组顾客交替进店的时间的示例

预约开始时间	预约数量	桌号	预约结束时间	可交替时间
18:00	1 组	A	20:00	20:30
19:00	4 组	B、C、D、E	21:00	21:30
19:30	3 组	F、G、H	21:30	22:00
20:00	1 组	I	22:00	22:30
20:30	1 组	J	22:30	23:00

在这种状况下，店方通常会留出两张不接受预约的餐桌。采用这种做法一方面是为了应对突发情况，另一方面是为了应对当天没有预

约的顾客的用餐需求。尽管餐饮店可以完全依靠预约的顾客来维持经营，但能做到在 1 周内全部席位都有顾客预约的店铺恐怕不足 1%。因此，如果顾客在周末初次来到某家餐饮店却发现席位已被预约一空，或是连续几次到店都遭遇了其他顾客包场的状况，而这家店铺的口碑又仅仅是差强人意，那么顾客就会打消再来的念头。很多当天来店的新顾客并不了解该餐饮店是否需要提前预约以及预约的方式。如果店方不能满足这类顾客的用餐需要而只依赖回头客，那么店铺的经营势必将难以维系（餐饮店需要将新顾客贡献的营业额保持在总营业额的 30% 以上）。

基于此，餐饮店需要保留 20% 左右的不接受预约的席位。

让我们回到上文假设的餐饮店，该店的每组预约顾客结束用餐（离店）的时间和下一组预约顾客可以交替进店的时间如表 3-3 的最右侧两列所示。从表中我们可以看出，A 餐桌可以供 20:30 后的预约使用，但在此前则不能在该餐桌安排其他预约。

在这种情况下，如果某位顾客希望将预约时间定在 19:00，那么此时正在被使用的 A 至 E 餐桌就不在可预约的范围之内。不仅如此，因为 19:00 开始的预约要在 21:30 才能与下一组预约的顾客进行交替，所以分别于 20:00 和 20:30 安排有预约的 I 餐桌和 J 餐桌也不能被用来满足这项预约。与之类似，在 19:30 安排了预约的 F 至 H 餐桌同样不能使用。这样一来，这名顾客最终将无法取得 19:00 的预约。

鉴于预约的餐饮店保留了 20% 左右的非预约席位，这名顾客或许可以通过表达不满的方式迫使店方使用预留的餐桌为其安排预约。但除了这种非常规方式，我想向你介绍一种更得体的取得预约的方式。

为此，让我们来看一看将预约时间定在 18:45 会有怎样的结果。在这种情况下，结束用餐的时间是 20:45，可以安排下一组顾客交替进入的时间是 21:15，状况似乎没有发生改变。

在此基础上，顾客可以进一步向店方提出将自己的用餐时间勉强缩短至 1.5 个小时，并且强调一定会按时离店。店方之所以为前后两组预约顾客的交替留有 30 分钟的间隔，是为了在这段时间内收拾餐具并重新布置餐桌。这些工作原本只需要 5 分钟即可完成，但考虑到前一组顾客可能不会准时离店，店方才会将交替的时间设置为充裕的 30 分钟。正因如此，顾客才需要向店方保证离店时间。

在获得顾客一定会按时离店的承诺后，店方因此会感到安心，并相应地将交替的时间缩短至 10 分钟左右。这样一来，店方就可以在 20:25 安排下一组预约的顾客交替进店。换言之，如表 3-3 所示，在 20:30 安排了预约的 J 餐桌就可以在 18:45 至 20:15 之间被用于另一次预约。与之同理，如果顾客将预约时间定在 18:15，店方就可以为其安排 I 餐桌。

在多数情况下，顾客只需向店方表示“将预约时间错开 15 分钟”及“一定会遵守约定的时间”，就可以在预约席位已满的餐饮店成功取得预约。站在餐饮店的角度来讲，如果店方能主动建议顾客采用这种预约方式，就能在为顾客带来满足的同时提升翻台率，并且最终提高营业额。

让我们回到顾客的角度，实际上，以 15 分钟为单位调整预约时间所带来的好处不止于此。如果顾客选择在 19:00 或 19:30 这种整点或半点的时间开始用餐，就很容易和其他顾客开始用餐的时间发生冲突，这样一来店方上菜的速度就有可能变慢，同时服务质量也可能降低。有些餐饮店原本就会有意控制在 19:00 这一黄金时间接受预约的数量，考虑到这种情况，将时间错开 15 分钟更有助于顾客成功取得预约。简而言之，顾客只需将预约时间以 15 分钟为单位提前或错后，便可以轻松地在预约请求络绎不绝的餐饮店乐享美食。

店内潜在的“陷阱”

心理学被普遍应用于各种场合，几乎所有人都经常会在不知不觉间被引导着行事。在创办并经营一家餐饮店的过程中，心理学同样被经营者活用于各个环节。

实际上，餐饮店，特别是大型餐饮店，会采用能引导顾客在店内沿逆时针方向移动的动线设计。除非在设计上受到限制，否则经营者会尽可能在建造及装修店铺的过程中遵循引导顾客向逆时针方向行走的理念。

在进门后座席分成左右两侧的餐饮店，如果告知顾客“请选择您喜欢的位置就座”，那么约有 70% 的顾客会走向左侧。

不仅餐饮店，超市和大型购物中心也同样采用了能引导顾客沿逆时针方向在店内浏览的动线设计。

之所以采用这样的动线设计，是因为人类的心脏位于身体左侧。人在沿逆时针方向运动时会感觉与周围的空间更谐调。田径比赛被规定为按逆时针方向进行也是基于同样的理由。人在沿逆时针方向移动时更容易感觉心情舒畅，而在沿顺时针方向移动时则更容易感到不适，有理论认为正是因为人类的这种心理规律，有利于使人们向逆时针方向运动的设计才会被应用于各个领域。归根结底，超市等场所采用这种空间布局的目的就是在使顾客感觉所处环境更舒适的基础上尽可能延长其在店内停留的时间，以便最终提升店铺的营业额。

对餐饮店来讲，尽管顾客不必在店内巡视一周，店方也应尽量在逆时针方向或是店铺的左侧设置大型装饰物或能吸引顾客注意力的展示区。

我主持经营的餐厅 Curve 隐屋采用了犹如迷宫般的内部设计。顾客在店内沿逆时针方向行走时空间会变得更宽阔，而在向右转时则会遭遇诸多障碍，难以前行。

专栏
“先上扎啤”的要求可能会暴露年收入

不同收入水平的顾客在餐饮店所点的食物和饮品是否不同？他们在外用餐时注意的重点又是否存在差异？带着这种疑问，我在全国各地的Curve隐屋及我的客户经营的餐饮店分别对年收入300万日元以下的顾客、年收入500万～800万日元的中产水平顾客，以及年收入在1000万日元以上的高收入顾客进行了关于“对待饮食的态度”的调查。

很多商务人士迫于工作压力而无暇从事娱乐活动，想必其中有不少人都希望至少能在饮食上遵从自己的喜好。

然而，如果考虑到饮食习惯和在餐饮店点餐时的言行举止能反映出一个人的收入水平，恐怕人们就不能无所顾忌地将自己的喜好放在第一位了。

实际上，在事业上大有所为的人都有自己恪守的准则。这些准则会体现在他们对饮食的要求和在外用餐的习惯上。

本次调查表明，收入越高的人越会注意自己在餐饮店的用餐习惯，这些用餐习惯与保持体型及健康密不可分。

能严格对自己的饮食进行管理的人通常也有能力将自己的生活和事业打理得井井有条。这是因为良好的饮食习惯可以保证人们拥有最佳的身心状态，而好的身心状态正是人们追求事业与享受生活的本钱。如果人们希望有效地掌控自己的精力、压力与欲望，并且时刻以最佳状态示人，那就要格外注意自己的饮食习惯。

同样，如果能了解一个人的饮食习惯，就可据此对其在事业上的表现进行预测，因为餐饮店也是人们进行商务交流的场所。

调查结果显示，年收入在300万日元以下的顾客与年收入在1000万日元以上的顾客的用餐习惯存在巨大的差异。

特别值得注意的一点是，基于在经济上不够宽裕这一令人遗憾的理由，低收入人群在餐饮店的用餐习惯表现出了一些突出的共同点。

高收入者如何保持体型

我们首先调查了参与者为了保持体型或减肥会选择“进行剧烈运动”还是“注意饮食”，结果表明，在年收入水平为500万～800万日元的顾客中，有更多人表示会在健身房进行锻炼。此外，在年收入为300万日元以下的年轻人中，也有较多人选择去健身房。这是因为他们既负担得起去健身房锻炼的开销，又有足够的时间。

然而，年收入在1000万日元以上的人的情况有所不同。对这类人来讲，保持体型或减肥不是单靠付出金钱就可以做到的。实际上，高收入群体中很少有人常年去健身房锻炼。

收入越高的人越忙碌。在既定日程会经常发生改变的前提下，高收入群体很难定期到健身房锻炼。另外，这类人似乎也不喜欢单调的器械运动。因此为了维护健康并保持体型，高收入人群更倾向于从饮食上入手。他们认为比起到健身房锻炼肌肉力量，摄入适合自己身体的食物和饮品能更轻松愉快地达到减肥的目的，而且这也有益于身体健康。顺带一提，如果消化系统可以良好地运作，那么人就会拥有较高的抵抗力和细胞再生能力，并且能更有效地抵抗衰老。

除此之外，高收入人群的另一个特点是会在日常生活中经常活动身体。他们会尽量多爬楼梯、多走路，并且从事一些可以边工作边进行的简单的运动。如果这些看似微不足道的行动可以形成习惯，那么随着日积月累，人们就可以强化自己的体能，消耗掉多余的能量，并且最终成功锻炼出柔韧、健康的身体。

尽管无碳水化合物饮食和连糖分摄入也尽量避免的生酮饮食[①]在最近广受推崇，但实际上选择这种饮食的往往是低收入人群，而高收入者则会充分摄入米饭。这或许是因为高收入人群能切实体会到比起面包，会逐渐转化成糖分的米饭可以更有效地为大脑提供能量。换言之，高收入人群很少受到流行趋势或每年都会推陈出新的各类减肥方法的影响。

高收入者很少选择啤酒作为干杯饮料

在本次调查中，另一个值得注意的问题是，人们在餐饮店用餐时会选择哪种饮料作为第一份饮品？

在日本曾经有过干杯时必选扎啤的时期。以前，人们在用餐伊始用扎啤干杯的情景随处可见，我在和伙伴们聚餐时也常情不自禁地感到第一杯扎啤无比可口。但随着时间的推移，现在已经很难再看到这种情景了。

在这种状况下，顾客所点的第一杯饮品也随其收入水平的不同表现出了差异。收入越高的人越会从第一杯酒开始就有所讲究。尽管也有顾客选择扎啤，但多数高收入者的第一杯酒会选择如加冰的威士忌一类的利口酒或红酒。这似乎是高收入人群特有的讲究。换言之，高收入者极少张口就点扎啤。

① 生酮饮食是指限制碳水化合物和糖分的摄入，并通过提高脂肪的摄入量来为人体供能的饮食。这种饮食方式最初于20世纪20年代被用于治疗儿童癫痫。——译者注

第四章

拥有回头客的秘诀：与服务有关的心理学

CHAPTER 04

生意兴隆的餐饮店格外重视入口

进入一家餐饮店后，顾客会发现厨师在烹饪菜品的过程中向入口处投来视线，或是发现服务员在为其他顾客端菜时向店门口迅速一瞥。

不知为何，盈利的餐饮店的工作人员时常会有所牵挂地张望入口处的情况。

当貌美的女性顾客来到餐饮店时，男性店员会笑容满面地上前迎接对方。

因为对方是美女店员才会这样吗？这其中是否存在其他理由？

之所以采取类似的行动，是因为店方重视第三章中提到的“首因效应”，并且希望借此在之后为顾客提供服务的过程中占得先机。在进入一家餐饮店的瞬间，顾客会听到精神饱满的“欢迎光临”，这是一种教科书式的接待方式。通常来讲，餐饮店的经营规范中不厌其详地记载着各种规定，甚至连15度、30度和45度三种鞠躬所分别适用的场合都包含在内。

从我个人的角度来讲，如果员工给顾客带来了不便，那么店方需要做的便是竭尽全力且诚心诚意地向顾客道歉，但经营规范中的规定不同于此。

然而我想说的是，与其花时间思考“这位顾客略显不悦，30度的鞠躬就足够了吧”或“把水洒在了顾客身上，这种情况必须做出45度鞠躬”，不如赶快向顾客道歉！

如果店方在第一时间做出的反应不够得体，就只会起到火上浇油的反效果。

在顾客来店时笑脸相迎，为顾客重复点单的内容，口齿清晰地说出接待用语，上菜时将菜品摆放整齐，在顾客离开后迅速收拾餐桌，时刻保持店内的清洁……诸如此类的行动是为顾客提供服务的基础，店方必须逐一提升其中每一项的业务水准，对各家餐饮店来讲，这是不言自明的道理。

对商业营销来讲，基本的促销过程也分为：接触顾客、倾听顾客的需求、向顾客进行陈述、与顾客达成交易，以及为顾客提供售后服务这五个环节。营销人员需对这五个环节分别进行准备，并且在每个环节中都采取恰当的行动。

顾客始终将餐饮店的工作人员的表现与菜品和服务的质量视为一个整体。因此，如果店方希望自己的待客水平更上一层楼，就必须在落实并完善基础的同时将这一点时刻铭记在心，并且在此基础上竭尽全力地提升服务的质量。

以在商场选购服装为例。如果营业员能够依照促销流程为顾客提供体贴的服务，那么顾客对该营业员的评价就会提高，与此同时，顾客对作为商品出售的服装也会给出更高的评价，进而提升在该店购买服装的意愿。

对餐饮店来讲，从迎接顾客进店到送别顾客离店，期间提供的服务是一个完整的流程，即“故事情节”。为了使这一流程顺畅地进行，并且保证顾客在用餐过程中始终感到惬意，店方就需要对故事情节进行演绎。只有如此，餐饮店才能掌握卓越的待客之道。

在“讲故事”的过程中，餐饮店应重视结合顾客的特点进行演绎。店方需要首先猜测顾客来店用餐的目的，针对如与伴侣约会、和家人共享时光或与朋友聚会等不同目的，店方应采取不同的演绎方式。为此，店方必须从服务开始的瞬间起就仔细地对顾客进行观察。换言之，入口区域值得店方格外重视。顾客一旦迈入店门，服务的故事便随之上演。

餐饮店为顾客提供服务的一系列流程如图 4-1 所示。

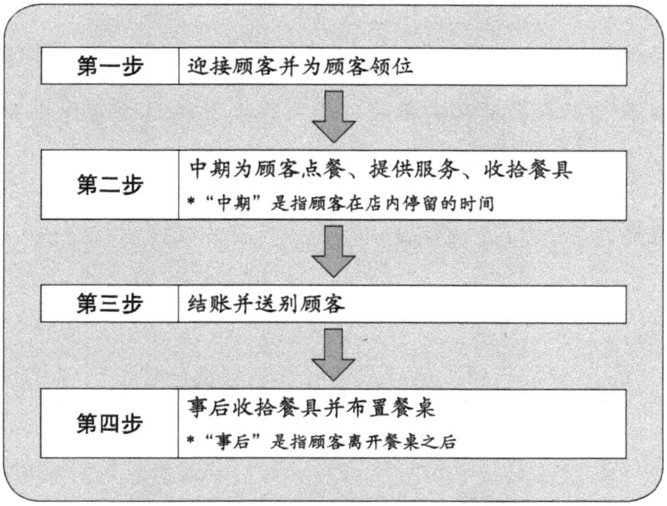

图 4-1　餐饮店提供服务的整体流程

为了让顾客在店内度过一段愉快而舒适的时光，店方会在提供服务的过程中采用各种策略来推动故事情节的发展。从图中可以看出，服务的故事会在餐饮店的入口处拉开序幕。

因此，为了让顾客带着良好的印象开始享受一系列的服务，店方应在入口处采取最初的行动。门口的员工通过“欢迎光临”向店内其他员工提示“新顾客来店，做好故事开演的准备”。迎接顾客进门的过程要在全体员工的注目下进行。最初给顾客留下的好印象会延续到其后为顾客提供服务的过程中，如果将这个势头保持到最后，那么店方就有可能在顾客买单时收获积极的评价。为了流畅地演绎服务的故事，店方需要将服务的基本环节紧密地连接起来。在这一过程中同样要重视“首因效应”。为此，店方不能让顾客在进店后原地等待。餐饮店的员工必须通力协作，以便尽量顺畅地引导顾客就座。

如果顾客能在进店之初就体会到宾至如归之感，那么即使在服务的过程中不慎引发了顾客的不满，店方也更易将其大事化小并妥善解决。这便是店方最初给顾客留下的“这家店令人心情愉快”的印象所带来的效果。

服务员为何在顾客的右侧轻声细语

当一对情侣在餐饮店的吧台席位并排落座时，男性会坐在女性的哪一边呢？

我的公司曾经在位于东京、名古屋和关西等地区的多家酒馆中，对 300 对就座于吧台席位的情侣进行过调查。

调查结果显示，竟有多达 82% 的男性会坐在女伴的右侧。

为何会有如此多的男性选择在右侧对女性诉说情话？难道这其中存在“右侧有利”的法则吗？在产生这种想法的同时，我想到了一些共识，这便是“顶级推销员会从右侧接近客户”及“餐饮店的员工从过去开始就多从右侧为顾客提供服务”。除此之外，从右侧为顾客端上饮品和食物也被高级餐饮店视为基本的待客礼仪。

这些做法究竟是无意为之还是暗藏玄机？

随着调查的深入，我逐渐发现在右侧诉说情话的理由包括与人体的构造、脑科学和历史有关的因素。

下面就让我们来探寻“右侧有利”这一理论的真相。

右侧有利论的真相

假设你正在与他人约会。你会站在对方的哪一侧？毋庸置疑，答案不仅会因你的性别而异，想必还会随当时的情景发生改变。但其中也存在某种倾向。

实际上，如果你留心观察约会中的情侣，就会发现女性站在左侧的情况居多。无论询问身边的女性还是查看杂志上或网络上的调查，我都发现，表示自己会选择站在左侧的女性占据了大多数。这令我感到不可思议。

此类调查在过去屡见不鲜，调查的结果普遍显示多数男性会位居右侧，而女性会位居左侧。就此接受询问的女性给出了各种各样的理由，其中比较有代表性的理由如下：

- 因为感觉更放心；
- 因为在日本机动车的驾驶席在右侧；
- 因为可以听到男方心跳的声音；
- 因为在走路时希望对方在有车道的一侧[①]保护自己；
- 因为自己是夫唱妇随的性格，希望对方能保护自己（空出男方的右手）。

此外，因为心脏生长在身体的左侧，所以人们不希望将他人置于自己的左侧。但反过来讲，如果人们将他人置于重要的心脏一侧（左侧），就意味着将其视为可以信赖的朋友或是能令自己放下戒备的伙伴。

从右侧向对方搭话时所提出的请求更容易被接受

实际上，这种与右侧和左侧相关的主题可以被应用于各种商务场合中。下面让我们从脑科学的角度来对其一探究竟。

① 日本的交通法规规定机动车靠道路的左侧行驶，而日本的机动车也多为右舵，即驾驶席在车辆的右侧。——译者注

举例来讲，当人们用左耳听他人说话时，声音会传递至司掌情绪的右脑；当用右耳听时，声音则会传递至掌控理性的左脑。

许多脑科学家认为，人类大脑的左半球（左脑）会优先处理右耳获得的听觉信息。实际上人类获得的大部分语言信息都是左脑处理的。

曾经有人进行过如下的实验。在喧嚣的歌舞厅里，为了避免自己的声音消散在大音量的音乐声中，当一个人贴近旁边的人并在其耳边轻声询问："可以请我喝一杯酒吗？"当他分别从左侧和右侧向他人搭话时会产生怎样的结果呢？实验的结果如下。

- **从左侧搭话时**：88 人中有 17 人向其递上了酒杯。
- **从右侧搭话时**：88 人中有 34 人向其递上了酒杯。

结果显示，当参与实验的人从右侧向他人搭话时，他所提出的请求更容易被接受。从这一结果可以看出，人的大脑会将通过左耳和右耳获得的声音分开处理。简而言之，当人们用右耳听声音时，所获得的听觉信息更容易为大脑所接受。

单纯结合上述实验的结果来讲，在有求于人的情况下，从右侧向对方搭话时人们的请求得到满足的可能性是从左侧搭话时的两倍。如此说来，这种方法确实值得尝试。

综上所述，从脑科学的角度来讲，如果能让对方的左脑发挥作用，那么人们的请求就更容易被对方答应。所以在进行商务会谈或向对方提出请求时，从右侧向对方发起对话是更为理想的方式。

由此可见，餐饮店的工作人员在接待顾客时也应从右侧以稳重的方式接近顾客并为其提供服务。

餐饮店正在逐步摆脱经营规范的束缚

说到服务，讲求“诚心待客”①的日本是否真正为顾客提供了出色的服务呢？

在各位读者所光顾过的各类店铺中，能令你感叹“服务一流”的店铺想必为数不多。以中学阶段的修学旅行为例，你还能回忆起第二天吃午餐的店铺吗？再举一个更近一些的例子，你是否记得一个月前在哪家餐饮店品尝过怎样的饭菜吗？

能回想起来的人大概寥寥无几。普普通通甚至仅仅是差强人意的服务水准，无法给顾客留下深刻的印象。实际上对一般家庭来讲，说到从小到大曾经多次光顾的店铺，多数人能想到的恐怕是家庭餐厅或快餐店。在“中层意识”②全盛的年代里，无论哪家餐饮店提供的菜品

---

① “诚心待客”是日本申奥大使泷川克里斯汀于 2013 年国际奥委会第 125 次全体会议上所做的陈述报告中出现的词语，该词语入选了当年的日本十大流行语。——译者注

② 中层意识又称中产意识，是 20 世纪 70 年代存在于日本的一种认知与生活态度。由日本内阁政府定期进行的《有关国民生活的民意调查》显示，20 世纪 70 年代，日本有超过 90% 的民众认为自己属于中产阶级。由于当时日本的总人口数突破了 1 亿，这种普遍存在的“中层意识”也被称作“1 亿总中产”。——译者注

与服务都如出一辙。经历过这个时代的人们形成了一种会代代相传的固有观念，在他们看来只有依照经营规范进行的模式化的服务才称得上是真正的服务。

因此，日本的多数企业都以提供符合经营规范的同质化服务为目标。

我自己也曾经是规范化的支持者，并且制订过多部面向家庭餐厅和大众酒馆的经营规范。然而在距今20多年前的1995年，我意识到了全球化时代的到来，所以做出了摆脱经营规范的宣言。

星巴克咖啡是成功脱离经营规范的典型之一。在负责星巴克的培训工作时，我曾对该公司摆脱规范束缚的经营方式深感佩服，其中最具代表性的当属星巴克所提倡的“第三空间”理念。

这一理念既体现了星巴克的优越性，又构成了该品牌强大的决策力与足以击败其他对手的竞争力的基础。所谓“第三空间”，是指在家庭和工作地点之外的第三处场所，是对城市居民来讲必不可少的容身之处。星巴克公司将自己旗下的店铺定位为可以给顾客带来惬意体验的“第三空间”。在为顾客提供美味的咖啡的同时，被年轻人用作聊天、读书与学习的空间的星巴克咖啡厅，逐渐成了人们意识中“如果有时间就去坐坐”的场所。

“第三空间”这一理念绝不会从餐饮店历来遵循的经营规范中诞生。星巴克公司将咖啡厅定位为“第三空间”，并在此基础上力求为顾客带来舒适的体验与内心的感动。

日本人过分重视规范，以至于在不知不觉间将其视为了“信仰”。越来越多的人只会被动地等待指示，这是规范化带来的一大弊端。

然而在现如今的时代，如果一家企业渴望长盛不衰，就必须做到随机应变，并且时刻准备向新兴领域迈出脚步。为此，经营者就需要摆脱对经营规范的盲从。曾几何时，机动车生产等大型制造业引领着日本的经济收获了成功。然而，由于此类制造业涉及的工作多为在流水线上进行的组装作业，因此只要工人按照规范操作，便可生产出高质量的产品。在“简单化作业”取得成功的背景之下，日本社会对于规范的信仰不断增强。

然而，随着当下技术创新周期的不断缩短，在实现工作的标准化并制定完成一套规范的同时，企业已经必须将重心转移至新商品的开发之上，这就使得规范的存在成了阻碍创新的枷锁。正因如此，各家企业不能再一味依赖规范，而是应该下定决心摆脱规范化的束缚。

我所熟识的一位护士协会的会长曾经表示：“现在的年轻护士总把‘要参照规范行事’或‘规范上没有的内容我也不清楚’之类的话挂在嘴边。但每名患者所处的状况因人而异，甚至可以说不存在相同的两种病情，这时就需要护士们能够随机应变、灵活应对。”

护士协会会长的话可谓是一针见血，值得引起人们的重视。在我看来，这正是通晓“待客之道”的人才能做出的评论。如果护士在工作中一味地遵循操作规范，那么就可能有更多的患者陷入危险的境地。

无论是患者还是光顾餐饮店的顾客，人与人之间都各不相同，无论哪种行业也都不存在相同的案例，因此固执而死板地遵循规范行事并不能保证人们顺利地应对所有状况。

话虽如此，尽管照本宣科的做法存在诸多弊端，但在一无所知的情况下，人们同样无法做到随机应变地处理问题。这就意味着经营者需要在把握原理和原则的基础上，用心观察每种情况并分别做出判断。只有做到这一点，经营者才有可能为顾客带来超越经营规范的感动。

6次称呼顾客名字的原因

无论在工作中还是生活中，一旦与对方建立起亲近的关系，人们就会难以拒绝对方提出的请求。

餐饮也会利用人们的这种心理来做文章。店方力求尽早与顾客建立起亲近的关系，并在此基础上促使顾客追加点单，甚至成为回头客。

为了实现这一目标，餐饮店所使用的技巧便是频繁地重复对方的名字。

如果经营者希望尽快缩短和顾客之间的距离，并且在对话的同时为顾客提供相互交流的服务，那么称呼顾客的名字便是一种有效的方法。

以名字称呼对方的行为自身含有“我对您格外重视”或“您是特别的顾客”之意，店方可以借此向对方表示自己将其视为独一无二的顾客，这种做法也有助于店方在之后对顾客进行宣传。

因为我经常在全国各地东奔西跑，所以偶尔会一个人到餐饮店用餐。在这种情况下，每当听到店员对我说“氏家先生，欢迎光临”时，我都会倍感安心。由此可见，对餐饮店来讲记住顾客的姓名是顾客管理工作中重要的一环。

在这里值得经营者注意的是，即使店铺采用了数字化管理系统，在称呼顾客时也应该采用传统的方式。下面我将为各位读者介绍一个与此有关的小插曲。

数年前，我将如今大型连锁式餐饮店使用的“e-SHOP 网络”率先引入了自己主持经营的店铺。经营者可以借助这一系统进行顾客管理与经营管理。

然而，在利用“e-SHOP 网络”进行系统化的过程中，唯独店铺的顾客名簿是由我手写而成的。不仅如此，我还会在名簿上先后画六次顾客的肖像画。这样做的目的是为了记住顾客的名字。当时我能记住 500 名顾客的容貌与姓名。

即使做不到 500 人，餐饮店的经营者或店长至少也应记住 100 名顾客的基本信息。然而实际经营中情况却与此大相径庭。至今有数以十万计的经营者或店长参加过我开办的面向餐饮店的讲座，但当我提出“是否有人能记住 100 名以上的顾客的姓名、年龄与职业”这一问题时，竟然从未有一人举手。明明每年要接待 5000 至 10 000 名顾客，经营者记住的姓名却不足其中的 100 人，这就难怪很多餐饮店的营业额总是难以提升了。

让我们回到以名字称呼顾客的话题上。在日常的待客工作中，如何能在不查阅顾客名簿的前提下知晓顾客的姓名呢？

这其中的关键有两点，分别是在预约时进行确认以及在顾客进店时进行确认。

顾客进行预约时是店方询问对方姓名的绝佳机会！在此基础上，由于事先了解了对方的姓名，店方便可以在顾客来店时以“某先生 / 女士，久候光临”的方式向对方致以问候并顺势展开交流。

此外，在顾客进店时询问其姓名也会带来理想的效果。在需要顾客等待时，店方一定要请顾客将自己的姓名写在等位的名单上。这样一来，即使很快就可以安排顾客就座，在知晓了顾客姓名的前提下，店方在引导顾客时就可以说：“现在为您安排座位。某先生 / 女士，请随我来。”

然而，令我颇感意外的是有不少店铺虽然用心地问到了顾客的名字，却只会在最初以名字称呼对方。在实际与顾客进行交流并为其提供服务的过程中，店方应至少以名字称呼对方六七次：

“某先生 / 女士，欢迎光临”“某先生 / 女士，久候您的光临”“某先生 / 女士，现在为您安排座位”“某先生 / 女士，让您久等了”“某先生 / 女士，非常感谢”……

如果店方能像这样抓住各种机会用名字称呼顾客，那么顾客就会对该餐饮店产生亲近感。

这种现象在心理学领域被称作“社会性报酬”。当自己的名字被叫到时，人们会认为自身的存在得到了对方的认可，而自身存在或价值被认可对人们来讲相当于一种报酬。

美国南卫理公会大学的丹尼尔·霍华德博士（Daniel Howard）曾经用如下的实验来解释“社会性报酬”。在实验中研究者向学生推销曲奇饼干。实验共设置三种对话情景：（1）在推销过程中叫学生的名字；（2）在推销过程中表示忘记了学生的名字并再次向其询问；（3）在推销过程中不叫学生的名字。实验结果显示，在情景（1）中约有 90% 的学生购买了饼干，在情景（2）中约有 60% 的学生购买了饼干，在情景（3）中约有 50% 的学生购买了饼干。

由此可见，当被叫到名字或自己的名字在对话中被提及时，人们会对交流产生更为浓厚的兴趣。除此之外，随着多次被对方叫到名字，顾客会逐渐对餐饮店的工作人员产生亲近感。因此在生意兴隆的餐饮店里，工作人员不是简单以“老板”或“经理”等头衔来称呼顾客，而是会在前面加上顾客的姓或名字，称其为“某老板”或“某某经理”。

总而言之，因为名字是一个人的代表，所以餐饮店的工作人员需要通过以名字称呼顾客的方式来与其建立起个人对个人的关系。这样一来，顾客心中就会产生特别的感情，亲近感也会随之增加，在此基础上，工作人员和顾客之间便能建立起一种超越从业者与消费者的关系的更为深厚的联系。

结账时让顾客等待是对顾客的轻视

“结账优先主义”是餐饮店的常识。一言以蔽之，结账是服务流程中格外重要的一环。常言道“只要结局好便万事大吉”，因此作为服务流程的最终环节，结账在很大程度上左右着餐饮店给顾客留下的印象，甚至可以说店方有必要优先于其他所有工作来为顾客结账。

在结账时，店方时常会得到顾客的赞誉或批评。想必各位读者也曾想过在结账时向店方抱怨自己在用餐过程中积累的不满。坦诚是人类的天性，因此人们在结账时经常会下意识地对店方做出评价。举例来讲，假设你在酒馆和另外两位朋友一起畅饮，如果在结账时被告知“共计 6000 日元”，那么你就有可能在心中产生“真便宜”的想法。

这既是顾客对一餐价格的评价，也是其对餐饮店的价值做出的判断。由此可见，一旦店方在服务的最后一环出现了差池，就有可能导致此前通过服务为顾客留下的好印象付诸东流。

鉴于不少餐饮店都没有对结账的环节给予足够的重视，我建议各位餐饮店的店主（经营者）认真地重新审视结账的工作。

在此基础上，餐饮店的工作人员还需重视另一项与结账相关的服务准则。这便是合理地对工作进行编排。

餐饮店的工作人员不止需要为一组顾客提供满意的服务，在繁忙时段，一位员工甚至要负责为四五组顾客结账。为了使这些顾客都能满意而归，员工需要考虑应立即采取的行动、行动的顺序以及行动时所走的路线，以便更高效地满足更多顾客的要求。在此基础上，工作人员必须在脑中安排工作的优先顺序，并且做到走一步至少看五步。

这便是我们所讲的对工作进行编排。如果能妥善地编排工作，工作人员就可以从容、稳健且利落地在一次行动中完成多项工作，即使在繁忙时段也能顺畅地为顾客提供服务，并且面带笑容地享受工作的乐趣。

举例来讲，当需要同时处理多项任务时，如果员工按照结账、领位、点单、上菜的顺序进行，就可以连贯地完成这一系列的工作。

所谓对工作进行编排，即决定工作的步骤和优先程度。具体的编排方法据称多达 15 000 种以上，将其全部记住自然是天方夜谭，因此我们不妨从较基础的“1-1-1 型”法则入手。所谓“1-1-1 型”法则，即按照结账、领位、点单、上菜的顺序来完成需要同时着手的多项工作，优先处理会给顾客造成更大精神负担或痛苦的工作。也就是说，因为结账是最能给顾客在精神上带来痛苦（希望尽早离店去下一个地方的心情）的事项，所以店方要优先对此进行响应。

这种编排工作的法则来源于“结账最为重要”的认识，是包括餐饮业和零售业在内的多种行业的从业者共有的理念。如前所述，各家企业之所以会将结账的环节视为服务的重中之重，是因为顾客会在这个阶段对店铺的价值做出最终判断。餐饮店希望在结账时给顾客留下良好的印象，与此同时，如果店方不能顺畅地为顾客完成结账，就很有可能招致顾客的严重投诉。

举例来讲，在需要同时进行结账与领位的工作时，根据“1-1-1型”法则，店方要让需要领位的顾客稍候，而优先完成结账的工作。

也就是说，如果负责结账的员工有空，就应该率先完成结账的工作，并且在此后再去接待新到店的顾客，或将接待工作交给其他员工。

那么在同时需要为刚刚进店的顾客安排座位并为另一位顾客进行第一次点餐时应该如何处理呢？

根据“1-1-1型”法则，在这种情况下店方应优先安排顾客就座。这样做一方面是因为站在门口等候会在精神上给顾客带来更大的痛苦，另一方面是因为店方应力求在开始服务的阶段为顾客留下好的印象。

下面就让我们来尝试应用这种方法。

当同时需要为刚进店的顾客领位安顿他就座并应对另一位顾客追加点餐的要求时该如何是好呢？这种情况更复杂，我尽量简要地进行说明。假设在某家餐饮店，顾客第二次点餐（第一次追加点餐）的平均菜品数为2.4例，第三次点餐（第二次追加点餐）的平均菜品数为1.1例，此时，店方就需要根据顾客的点餐次数来调整优先顺序，具体方法如下。

1. 领位与第三次点餐同时发生的情况

第三次追加点餐的平均菜品数为 1.1 例就意味着多数顾客在此时只会点一道菜，因此，点菜的工作很快便可以完成。在这种情况下，员工应该首先接受顾客的追加点餐，并且在其后转而安排刚刚进店的顾客就座，接下来再将此前接到的点餐内容报告给厨房。在顾客只点一道菜时，由于员工无须用笔记录，因此点餐可以迅速完成，新来的顾客也无须等候太久。虽然在为顾客领位后再将点餐报告给厨房会影响上菜的速度，但由于已经是第三次点餐，上菜时间稍有延迟也不会造成太大问题。

2. 领位与第二次点餐同时发生的情况

在顾客第二次点餐的平均菜品数为 2.4 例的情况下，店员为避免忘记点餐内容就不得不用笔记录，这就意味着点餐需要花费一定的时间。并且在这种情况下，店员也有必要尽早将点餐内容报告给厨房。因此根据“1-1-1 型”法则，店员此时应先为刚到店的顾客领位再去应对另一名顾客的第二次点餐，并且随后将点餐内容报告给厨房。需要注意的是，因为这种方法的初衷是帮助店方从容、稳健且利落地完成工作，所以这就要求店员在安排顾客就座的过程中不能拖泥带水。

为了做到这一点，店员应将新来的顾客引领至第二次点餐的顾客旁边的席位上。这样一来，在新顾客落座后，店员转身即可为旁边的顾客点餐，从而省去在席位间移动的时间。然而，在实际领位时，店方必须为新来的顾客安排最符合其理想的席位，因此，店员便需要在空席中寻找既能满足顾客的要求，又已收拾完毕并布置妥当，且距离第二次点餐的顾客最近的席位。

在我看来，尽管上述做法实行起来颇有难度，但经过一定程度的训练依然可以实现。至于具体的训练内容，可以参考如下方式。

举例来讲，（1）菜品差不多该出锅了；（2）该为某号桌的客人换毛巾了；（3）如果有空就去打扫卫生间；（4）如有空就去洗盘子；（5）该为某号桌的客人换餐盘并清理空盘子了。

在实际训练的过程中，需要完成的工作和顺序可能与此不同，但重点在于脑中应时刻对各项工作有所意识。我相信在重复这项训练的过程中，餐饮店的工作人员可以养成同时考虑多项任务的习惯，并且最终熟练地将其应用于实际工作之中。

某品牌的连锁酒馆根据上述理念规定了“不让需要结账的顾客等待超过 30 秒”，并且获得了意想不到的收获。

该品牌旗下约有 80 间店铺，每家店铺的员工都会在结账时劝说顾客办理会员卡。在落实上述规定前，顾客经常会在结账时提出投诉，这就导致员工对推销会员卡的工作产生了抵触，而顾客也总是拒绝成为该店的会员。当时，该品牌的顾客中会员的比例仅为 40%，单月只有 151 名顾客成为新进会员。然而在贯彻上述规定后，该品牌店铺的会员加入率急剧上升至 85%，并且在 1 个月的时间内新增了 333 名会员。

这一事例表明，如果餐饮店能重视给顾客留下的最后的印象，并且改善应对顾客结账要求的方式，就有可能提升店铺的整体形象。除此之外，如果经营者能对经营过程中获得的数据进行分析，那么“如何合理编排工作并决定优先顺序”的问题便可迎刃而解。尽管经营者无需将这一问题想得过于复杂，但在经营实践中，结合数据对问题加以分析的态度就是必不可少的。

悄悄观察脚尖的朝向

为了提高顾客的满意程度，增加回头客，并且最终提升店铺的营业额，餐饮店经营者会悄悄地观察顾客。在高档意式或法式餐厅，员工必须在观察的基础上向顾客推荐符合其消费水平的食物和饮品。其中，尤为典型的事例便是向顾客推荐红酒。

仅有少数对红酒了如指掌的顾客会在仔细斟酌酒单后做出选择，多数顾客会请店内的品酒师或店员为自己推荐红酒。在这种情况下，举例来讲，如果某位顾客抱有“虽然不想花太多钱，但今天是女朋友的生日，也不好意思点太便宜的红酒”的想法，那么店方就必须敏锐地捕捉到顾客的这种心理并帮助其做出恰当的选择。

为了通过高水平的服务来提升顾客的满意度，店方有必要做好交流（Communication：在接待顾客时通过会话取悦对方）、个性化（Customize：以贴合每名顾客特点的方式待客）和商谈（Consult：在接待顾客的过程中积极地向对方提出建议）这三项工作。我们取这三个英文单词的首字母，将其称为“3C 原则”。顾客能否与为其提供服务的餐饮店工作人员建立良好的关系，“3C 原则”是至关重要的。

仅仅在顾客来店时致以“欢迎光临”的问候，在用餐过程中为顾客端上菜品，并且在顾客离店时表示“感谢您的惠顾”是远远不够的。餐饮店必须在此基础上更进一步，坚持“3C 原则”，并且力求用优质的服务来打动顾客。

随着近年来人们对餐饮店服务水平的要求不断提升，“3C 原则”中的第三项，即商谈服务的重要性也与日俱增。所谓商谈服务，是指店方主动出击并借助各种机会向顾客提出建议的服务。店方需要从顾客的角度出发，向顾客提出建议，并且最终实现个性化的待客服务。

在与顾客对话时，店方一定要尽量提出建议。例如“某某先生 / 女士，我记得您不喜欢鱼的腥味。不过本店今日备有新鲜的鲈鱼，进行特殊‘清洗’[①]后可以去掉腥味，用它做成的生鱼片非常美味，您意下如何？”或“某某先生 / 女士，您在夏天光顾本店时饮用了名爵红酒，不知您本次是否有意品尝适合冬季饮用的马孔村白葡萄酒？”

总而言之，店方所进行的演绎是决定顾客能否在一家餐饮店愉快地用餐的关键。

① 清洗是一种处理生鱼的方法。首先将去除鳞和内脏的鱼切成薄片，然后用清水或温水洗去其中的脂肪，去除腥味，再用冷水或冰水浸泡以使鱼肉紧致，最后去除多余的水分并装盘。这种方法经常被用来处理新鲜的鲈鱼、鲤鱼和竹荚鱼等白肉鱼。

为了实现理想的演绎，各家餐饮店都希望在事前尽可能详细地掌握顾客的性格特点、用餐目的及与同行者的关系等信息。

即使做不到这一点也无须担心。因为在服务的过程中，店方同样可以借助多种多样的方法来获得这些信息。例如，店方可以通过观察顾客的脚尖朝向来了解同席的顾客之间的关系。通常情况下，我们会特别注意自己的面部表情与手部动作，并且有意识地对这些进行控制。但越是远离头部的部位，我们的注意力就越是难以顾及。换言之，远离头部的身体部位所采取的姿势与动作会在不经意间暴露出存在于我们潜意识中的感情与想法。因此，观察脚部或腿部的姿势与动作对于了解一个人的心理特点大有帮助。

社会心理学家麦克·阿盖尔（Michael Argyle）指出，腿部的动作可以反映出人们对异性是否抱有兴趣："即使努力隐藏，人们的心理也会被腿和脚等部位诚实地表现出来。尤其是人们对他人的好恶。举例而言，通常来讲小腿交叉的姿势体现着女性自我防御的心理，但如果是故作姿态地跷起腿或刻意保持双腿平行，则意味着这名女性可能对对方抱有好感。"

与之相反，如果女性并拢的双腿或脚尖朝向与对方的脚尖相反的方向，那么这名女性则可能不会与对方顺利地发展关系。

由此可见，在商务场合中，当女性与对方进行交谈时，无论是边听对方说话边跷腿还是双腿交叉都是不恰当的。

除此之外，美国临床心理学家约翰·布雷泽（John Blazer）博士的实验也表明，人们交叉双腿的方式与其当时所处的情感状态密切相关。

由此可见，如果在交谈过程中对方双腿分开而坐，那么我们就可以判断此人已经对自己敞开了心扉，并且处于身心放松的状态。

在这种情况下，我们便不妨与对方进行开诚布公的交流。如果对方是自己喜欢的对象，人们或许可以借此机会积极地向其发动“攻势”。与之相反，紧闭双腿的坐姿代表着对方拒绝的态度，在这种情况下，我们最好平稳地度过与对方相处的时光，避免引起风波。

餐饮店的工作人员也可以对上述规律加以利用。在提供优质服务的餐饮店中，优秀的店员有时会通过顾客的脚尖朝向来推断顾客与同行者的关系，并且在此基础上为顾客提供更为恰当的服务。

餐饮店如何做好问卷调查

餐饮店时常请顾客协助进行问卷调查。各位读者是否了解此类调查的目的？

诚然，有很多餐饮店进行问卷调查都是为了解顾客对自家店铺的评价。人们普遍认为，餐饮店通过问卷调查来制定改善策略是很便利的。最近，不仅大品牌的连锁式餐饮店会采取这种方式，很多个体小店也纷纷开始实施顾客问卷调查。餐饮店的问卷调查多采用开放式，店方希望顾客能无保留地写下自己的意见与感想。可这种形式的调查真的能为餐饮店带来帮助吗？

作为经营者，你的店铺采用了哪种形式的问卷调查呢？是将问卷事先置于餐桌之上并在顾客结账时进行回收吗？除此之外，当利用问卷来调查顾客对服务的满意程度时，如果统计上来的调查结果在整体上较为理想，你是否会据此做出“服务质量确实有所提升”的结论呢？

我认为，如果仅仅依靠这种方式，那么餐饮店与顾客之间的关系就很难向前发展，店方与顾客之间的距离也丝毫不会缩短。大型连锁餐饮企业可以汇总各家店铺的调查结果并判断经营状况，但个人经营的餐饮店情况又如何呢？即使让顾客直接将意见或希望写给经营者，这又能在多大程度上成为餐饮店的助力呢？我想恐怕有很多经营者甚至会因为忙于店内事务而无暇阅读顾客留下的话。

这种做法对认真写下意见或感想的顾客有失尊重。在我看来，如果店方不会根据调查结果采取行动，不如在最初就不要麻烦顾客配合进行问卷调查。很多人在评价事物时本就倾向于根据缺点为其“减分”，因此如果只拜托顾客“提出宝贵的意见”，对方就很容易将注意力放在店铺的缺点或不足上。

因此，如果店方有意进行问卷调查，就应该采用选择式的问卷形式。在这种情况下，为了避免顾客草草完成问卷，店方可以为填写问卷的顾客提供一些实惠，如免费赠送一杯饮料等。这种做法也有助于提高问卷的回收率。

问卷调查是工具而不是目的。我认为对于餐饮店来讲，实施问卷调查的最终目的就是让更多的顾客来店就餐。对回收的调查问卷置之不理且不采取任何行动的餐饮店势必无法吸引更多的顾客。

问卷调查的目的是缩短餐饮店与顾客之间的距离

对餐饮店来讲，“与顾客的距离感”是在进行问卷调查时需要考虑的一个重要问题。为了减少距离感，店方有必要在问卷调查的问题设计上多花心思，并且制造出有助于与顾客拉近距离的“共通点”。所谓“共通点”，也被称为“共通事件”或“共通用语”，是指可以在顾客和工作人员之间引起共鸣的事与现象，或共同语言。

换言之，在进行问卷调查前，店方需要在对话中寻找并发现可与顾客共有之事（即共通事项）。如果店方能在此基础上将这些共通事项应用于问卷之中，就可以使餐饮店给顾客留下更为深刻的印象。

例如，对于一家以汤咖喱为主打菜的店铺来说，比起泛泛地询问顾客“饭菜是否可口”，以更直接、具体的方式就汤咖喱向顾客进行提问会获得更好的效果。另外，比起“汤咖喱上桌时是否已经凉了”，使用“汤咖喱上桌时是否热气腾腾”这种积极的提问方式更容易被顾客记住。而对店方来讲，最理想的状况是顾客在问卷中就汤咖喱的味道做出“稍有些辣”的评价。这就意味着汤咖喱和味道稍辣成了店方与顾客之间的共通点。针对这些共通点，店方可以在直邮广告和感谢信（或感谢邮件）的末尾向顾客表示：“可以专门为某某先生 / 女士制作口味温和的汤咖喱，请您在来店用餐时向店员提出要求。”这样一来，店方就可以缩短自己与顾客之间的距离。

除此之外，调查问卷还有一些其他的使用方式。最近有些餐饮店会在问卷的最后请顾客对店铺及菜品做出点评，并且署上自己的姓名或笔名。此后，店方会将这些点评公布于自己的官方网站上，以借助顾客的口碑对店铺进行宣传。

某家名字以 K 开头的连锁式酒馆会向所有填写了调查问卷的顾客投放直邮广告，并且一定会在附有优惠券的直邮广告中涉及顾客在调查问卷中提及的内容。在采用这种做法后，该品牌通过直邮广告发放给顾客的优惠券的使用率从原有的 12% 提升至 37%，引起了很大的反响。

有关问卷调查的要点和注意事项如下：

- 以认真的态度进行问卷调查；
- 问卷调查应以店方希望来店用餐的顾客为对象，无需对所有顾客进行调查；
- 应在与顾客进行交流后礼貌地请求其协助进行问卷调查；
- 将问卷调查作为店内的活动，使顾客对问卷调查本身产生好的印象；
- 为参与调查的顾客提供优惠，如一份免费的饮品；
- 尽量在为顾客提供前几道菜品的间隙实施问卷调查（避免让顾客在用餐结束后回想起不快的经历）；
- 将顾客写在问卷调查中的内容体现在直邮广告等宣传方式中；
- 问卷的内容要尽量具体，并且设置令顾客感到愉快的选项；

- 在调查问卷的最后请顾客以署名的方式写下对店铺及菜品的评价，并且将其作为口碑宣传的材料公开于店铺的官方网站上。

能否心平气和地倾听顾客的“无理”投诉

4.63 次中有 1 次。各位读者清楚这个数字的意义吗？这是顾客向商家表达不满，即进行投诉的频率。30 年前美国的统计数据显示，投诉发生的频率为每 26 次中发生 1 次。而 4.63 次中出现 1 次则是最近由某民间调查机构提供的数据。这一数据表明我们正身处于投诉频发的时代。简而言之，在餐饮店里每五位顾客中就会有一位就某些问题进行或多或少的投诉。“上菜太慢”或“上错了菜”，诸如此类的不满想必人皆有之。

在生意兴隆的餐饮店，有些员工非常善于应对顾客的投诉。这些员工熟知心平气和地听取顾客怨言的方法。

在餐饮行业中，处理顾客的投诉也被称为“怨言应对”，是一项不能单纯遵循经营规范来处理的工作。

举例来讲，假设餐饮店的员工不小心将水洒在了男性顾客的裤子上。如果这名员工是可爱且年轻的女性，那么只要她面带笑容地向顾客致歉并为对方擦拭，或许就能够在不破坏顾客好心情的前提下顺利地将事情平息。

但要是男性员工又会如何呢？明明将水洒在了自己身上，对方却面露微笑，对顾客来讲这种应对方式难免会造成“火上浇油”的结果。

虽然上面的例子较为极端，但我想说的是，即使严格按照经营规范中的明文规定来进行处理，结果也会因当时的状况与当事员工的不同而大相径庭。

下面就让我们来了解一下在餐饮店中常见的十大投诉。我公司对44家店铺进行问卷调查后所获得的结果如下。

- **第一名** 上菜速度慢
- **第二名** 店内环境脏乱
- **第三名** 员工没有笑容，对顾客爱答不理，手忙脚乱
- **第四名** 员工不能察觉顾客的需要
- **第五名** 没有划分吸烟区和禁烟区
- **第六名** 费用过高
- **第七名** 菜品难吃，热菜不热，凉菜不凉
- **第八名** 不喜欢店长
- **第九名** 洗手间脏乱，空间狭小
- **第十名** 店内太冷或太热

除上文所列出的十大投诉外，统计得到的投诉内容还包括“不喜欢店内的音乐”“店内环境令人心神不宁”“店铺风格不够时尚”“不喜欢店长的长相”“迟迟不撤走空盘”“员工的笑容不到位”“菜里有虫子”“使用了廉价的盘子”等。

专栏
通过在店内的行为判断顾客的性格

清晨时段的咖啡厅和傍晚时段的家庭餐厅里聚集着形形色色的顾客。在早晨上班前或开始晚间的活动前顺便光顾餐饮店的这类顾客会表现出与平时不同的特点。这些与平时稍显不同的举止可以反映顾客的人格特征与性格特点。在本专栏中我们将关注此类行为举止。

在餐饮店中，有些顾客在睡觉，也有些顾客在听音乐，还有些顾客在读书……顾客的行为因人而异，可谓五花八门。在餐饮店这样一个行动受到制约的空间中，人们既会表现出在日常生活中的面貌，又会拿出工作中的做派。因此，通过观察人们利用餐饮店的方式及在店内的行为举止，我们可以了解其行为模式与性格特点。

坐在店内化妆的顾客

无论是为了在清晨吃早饭或喝咖啡的同时为上班做准备，还是为了在傍晚时外出游玩，独自在餐饮店内化妆的女性随处可见。或许是嫌麻烦，她们不会为此特意去洗手间，而是就坐在店内的席位上化妆。

这类女性犹如“女王”。她们毫不在意周围人的目光，她们不会将“其他人”放在眼里，至多将这些人视为环境的一部分。这类女性之所以能在店内若无其事地专心化妆，是因为在她们看来无论他人对自己产生怎样的看法都与自己没有关系。

用便携式设备听音乐的顾客

从性格的角度来讲，采取这种行动的人可能希望将周围的世界和环境屏蔽在外，并且将自己封闭在个人世界中。他们敏感而腼腆，不会轻易敞开心扉。

尽管此类人选择用音乐将自己与外界隔离开，也不擅长积极地与他人进行接触，但实际上他们可能非常容易感到寂寞。如果人们希望和这类人发展恋爱关系，或者在与其进行商务会谈时取得进展，就不能在初相识阶段与他们单独相处。更理想的方式是在最初采取多人会面的形式，并在建立起较融洽的关系后再进一步发展。这类人可能会在最开始表现出戒备森严的态度，然而一旦你让他们敞开了心扉，就很容易与其逐步建立起深厚的关系。最近，在咖啡厅里有很多顾客不仅是听音乐，而且是一边学习或工作一边听音乐。这说明有些人即使在咖啡厅这样嘈杂的环境中也能保持注意力的集中。

手机总不离手的顾客

这类人或是能够乐享孤独，或是容易感到寂寞。具体来讲，前者习惯于享受独处的状态，只要能通过社交媒体与世界产生联系就会感到心满意足。而后者则极其抵触独处，因此时刻埋头于社交媒体平台以寻求与他人的交流。尽管单凭外表我们难以对这两类人进行区分，但其中选择摩卡、拿铁与卡布奇诺等口味偏甜的咖啡的顾客多属于后者。

睡觉的顾客

这种顾客在家庭餐厅较多见。与在酒馆酩酊大醉而睡着或是在漫画咖啡厅①入睡的顾客不同，此类在开放的餐饮店打盹的顾客属于哪种性格的

① 漫画咖啡厅起源于日本名古屋市，最初是在咖啡厅内为顾客提供漫画，后发展为可为顾客提供包括游戏机、电视、DVD等娱乐设备的咖啡厅。漫画咖啡厅多设有单间，按小时计费，并且经营至深夜，因此常被有需求的人用作夜间的临时住所。——译者注

人呢？

实际上，他们通常是不拘小节且为人爽快的人。这类人不会过分在意他人的目光，也不会注意细枝末节的小事。他们的性格爽朗，行事风格洒脱不羁。总之，因为这类人会以毫无防备的姿态示人，所以人们或许可以解除多余的社会习俗的武装并抱着轻松随意的心态与之相处。然而，由于这种大大咧咧的性格，即使同伴改变了发型，他们通常也难以察觉，因此从恋爱对象或生意伙伴的视角来看，这类人或许难以令人感到满意。除此之外，这类人不会勤于回复邮件或短信，或许也不适合参与集体活动。不过，如果这类人能将积极的性格应用于好的方面，并且能运用冷静的判断力，就有可能在困境中意外地表现出可靠的一面。

将时间花费在兴趣爱好上的顾客

有些顾客会在餐饮店里埋头于自己的兴趣爱好。读书、画画、看视频或听音乐等行为尚无大碍，但一些顾客甚至会在餐饮店里拼拼图或是制作模型，并且因此在店内长时间逗留。每当看到有顾客将桌面游戏摆上餐桌，我都不禁想要告诉他们："这种行为会妨碍店铺的经营，请回家玩！"虽然桌面游戏是个极端的例子，但在餐饮店享受爱好的顾客确实不在少数。这类顾客拥有自由自在的性格，不在意周围人的看法。这类人或是不喜欢两手空空且无事可做的状态，或是时刻需要从事一些活动来让自己的内心保持平静。我们从积极的角度考虑可以将这类人称为行动派。采取这种行动的多为单独来店的顾客、带小孩的顾客（特别是父子）和在餐饮店聚会的年轻顾客。

希望坐在固定位置上的顾客

很多顾客每次来到同一家餐饮店都会选择相同的位置就座。“这家店角落里的位置比较安静”“在那家店选择单间更容易放松”，基于类似的考虑，这类顾客在每家店铺都会决定好自己固定的位置。这种人不能很好地应对变化，他们也不希望自己所处的境况发生改变，抑或是不希望自己被同化，因此会无意识地对自己受到的影响保持敏感，并且渴望得到他人的特别对待。

第五章

99% 的人不了解的辨别餐饮店优劣的方法

进店的瞬间即可判断店铺的优劣

“今天去哪家餐饮店呢”“我想吃可口的鱼”“对了，参考一下‘美食记录’[①]上的评价吧”“这家店的装潢看上去真漂亮”……

在选择餐饮店时，人们可谓煞费苦心。然而在有些情况下，顾客会在走进一家好不容易才选出的店铺的瞬间就感到大失所望。想必你也曾有过类似的经历。

在研讨会上，参与者时常向我询问如何判断一家餐饮店的优劣，我会直截了当地告诉他们，在进入一家店铺的瞬间就可以了解这家店铺是好是坏，能否带给自己享受以及能否令自己心满意足。

不错，有一种方法可以帮助顾客在进店的瞬间就判断一家餐饮店的优劣。这种方法便是在为顾客领位的员工道出“欢迎光临”这句接待用语时对其他员工进行观察。

遵循店铺的经营规范，店内的其他员工会立即重复“欢迎光临”，此时一家餐饮店的优劣便会如实地反映出来。

- **令人失望的店铺（劣）**：其他员工在上菜或清洁餐桌的过程中头也不抬地重复“欢迎光临”。

① “美食记录”是日本美食网站，创建于 2005 年，该网站收录了日本各地的餐饮店，顾客可以对店铺进行打分和评价。该网站的理念是“通过排名与口碑进行检索的美食网站”。——译者注

- **令人满意的店铺（优）**：即使是在上菜或清洁餐桌的过程中，其他员工也会暂时驻足或停手，并且在注视着顾客的同时重复“欢迎光临”。

仅凭这一点，顾客就可以判断一家餐饮店究竟是能令自己享受一段愉快且有意义的时光的令人满意的店铺，还是只能在其中索然无味地度过用餐时间的令人失望的店铺。

即使不了解顾客的性格特点或来店用餐的目的，店方也至少要引起顾客对店铺的兴趣，否则餐饮店便无论如何都无法令顾客享受用餐的过程。

如果一家餐饮店的员工在向顾客打招呼时采取敷衍的态度，那么这家店铺的经营者就有必要重新向员工明确接待用语的意义，并且加深员工间的团队合作，以便在端正态度的基础上全心全意地为顾客提供优质的服务。

曾经有过如下的成功事例。

位于住宅区附近的海鲜酒馆 S 面向各个阶层的顾客经营。在有客人来店时，一旦听到门口的员工道出“欢迎光临”，其他员工都会将视线投向顾客并重复“欢迎光临”。

实际上对餐饮店 S 的工作人员来讲，“欢迎光临”既是一名员工向顾客致以问候的话语，又是该员工向其他员工发出有客人到店的信号。听到这句话的员工会进入蓄势待发的状态，并且做好开始服务的准备，为顾客安排座位，端上餐前小菜与毛巾，并且处理顾客的第一次点单。

因此，在出色的餐饮店里，当听到“欢迎光临”这句问候语时，所有的工作人员都应该停下手中的工作并将视线投向顾客。

令人失望的餐饮店：听到接待用语以外的指示

如前文所述，餐饮店会事先决定好接待用语，其中最具有代表性的八大用语包括“欢迎光临”“请您稍等”“我明白了”“让您久等了”“给您添麻烦了”“不好意思”“万分抱歉”和“非常感谢”。

工作人员只有充分地领会不同的接待用语，才能顺畅地为顾客提供服务。虽然餐饮店的工作人员脱口而出的接待用语听起来稀松、平常，但实际上每一种都别有深意。在上一节中，我们就“欢迎光临”进行了说明，下面让我们将注意力转向与“欢迎光临”同样具有代表性的“请您稍等”。

“请您稍等”这句接待用语不仅局限于其字面意思。迎接顾客进店的员工可以通过这句话向其他工作人员表示“我现在无法为顾客领位”。听到这句话后，其他员工必须立即赶到顾客的身边为其提供服务。

综上所述，接待用语包含多种意义。餐饮店的工作人员不能对此类用语充耳不闻。在此基础上，员工需要用接待用语来进行沟通。在一家令人满意的餐饮店里，员工之间可以借助平淡无奇的接待用语传达信息。

由此可见，如果顾客在一家餐饮店里听到“来人为顾客安排座位”或“请为顾客结账”等接待用语之外的指示或对话，那么这家店铺就很可能是令人失望的餐饮店。

通过员工进出包间时的鞠躬姿态判断服务的优劣

我认为每个人都知道鞠躬行礼的重要性。通常情况下，简单打招呼时应采用 15 度鞠躬，在向对方致谢或道别时应采用 30 度鞠躬，而在郑重行礼或道歉时应采用 45 度鞠躬。无论学生时代在升学考试时接受的面试，还是在找工作时接受的面试，鞠躬都非常重要。想必你对“面试成功与否决定于最初的 3 分钟”这一说法有所耳闻。

如第三章所述，第一印象在事后会深刻地留在对方的记忆中，我们将这种现象称为“首因效应”。与之相对应的是，我们将最后留下的不容易被对方遗忘的现象称为“近因效应”。

举例来讲，在观看一场电影后，影片最后的情节会成为人们与同行者讨论的话题。或许你也有过类似的经历。简而言之，会留在人们脑中的是最初和最后的印象。正因如此，与前文中提到过的要求餐饮店重视顾客进店之初的 3 秒和 3 分钟的首因效应相对应，近因效应的存在意味着结账的阶段同样是服务过程中至关重要的环节。

在餐饮店为顾客提供服务的过程中，首因效应与近因效应同样频繁地体现在某一情景中。这便是工作人员进出包间的场合。员工在进入包间和离开包间时做出的鞠躬体现着一家餐饮店的服务员的基本素养。在顾客希望再次光顾的一流餐饮店里，工作人员会一丝不苟地向顾客鞠躬行礼。

无论是在工作场合还是在日常生活中，如果人们能在进出房间时优雅地鞠躬行礼，就能给初次见面的对象留下良好的印象，这种印象会对双方在此后建立的人际关系产生重大影响。

由此可见，对初次见面并与对方交换名片、在聚会上进行自我介绍、参加面试、到访对方的住所或公司，以及与对方进行商业谈判等情境来讲，最初及最后的鞠躬等行为举止格外重要，人们应有针对性地准备和训练。

从现在开始采取行动也为时不晚。请你尝试带着刚刚步入社会时的心境对着镜子练习。

站在餐饮店门口就能了解店铺的口碑

“菜肴很美味”“用餐过程很愉快”“下次再来吧”“价格很便宜”“那位店员是怎么回事，让人感觉不自在”“人真多呀”“肉的熟成[①]不够

① 熟成是指在烹饪前将新鲜的肉类放置在一定的温度和湿度下进行发酵，以使蛋白质得到分解，从而使肉在更容易咀嚼的同时具有特殊的风味。这种处理方法分为干燥熟成和湿式熟成两种。——译者注

好”“调酒师长得真帅气”……

上述内容均为顾客对餐饮店做出的评价（这仅仅是冰山一角）。这些评价来自于“美食记录”或诸如此类的美食网站吗？答案并非如此。顾客只需站在一家餐饮店门外，便能听到大家对这家店铺的评价。

尽管我们在前文中提到过有些顾客会在结账时对店方提出褒奖或投诉，但即使抱有“太贵了”或“真便宜”的想法，顾客也通常不好意思在店内对餐饮店品头论足。这是因为在结账时店员就在自己眼前。然而，顾客在结账后一旦走出店铺，就会放松戒备，并且在不知不觉间吐露心声。正因如此，人们只要在一家餐饮店的入口附近站上30分钟，便可以听到刚刚结束用餐的顾客对该店的评价。

在为是否选择某家餐饮店感到犹豫时，请你也尝试短暂地站在店铺入口附近侧耳倾听吧。

开业前店铺的面貌同样值得注意

餐饮店整体的优劣可以很好地反映出店长的态度。此外，在开始营业后顾客难以了解到的方方面面通常会通过餐饮店开业前的面貌表现出来。

从餐饮店的角度来讲，尽管工作人员在顾客面前会尽力表现得很周到，但在开始营业前，其精神状态会在所难免地有所松懈。这种松懈会在一定程度上影响工作人员在营业过程中的工作表现。出现类似状况的餐饮店不胜枚举。与之相反，生意兴隆的餐饮店的员工会在开始营业前就打起十二分精神。

在距离开业仅有 1 小时的情况下，有些餐饮店依然紧闭着卷帘门，啤酒桶、整箱的饮料甚至是食材都被随手堆放在外，前一天使用的广告牌或旗帜无人清理，示意顾客正处于“准备中”的吊牌没有朝向店外，店面尚未进行清扫，全店上下让人体会不到丝毫即将开始营业的氛围。如果一家餐饮店在开业前呈现出这般面貌，那么这家店铺的优劣便可想而知了。

还有一些店铺将扫帚与簸箕置于店内一隅。忘记收拾的情况自然应被视作问题，但即使发生这种状况是由于店内没有专门收放清扫工具的场所，店方也应注意整理及摆放这些工具的方式。

或许有些经营者认为“这种小事不值一提”，但顾客却会将其看在眼里。“不做也可以”“就这样也没问题”，诸如此类的想法会在不知不觉间麻痹店方的认识和感觉，并且最终导致其对店铺的面貌采取毫不在乎的态度。餐饮店这样做通常会令顾客感到失望。

在改善店铺面貌的问题上，平日里经常使用的一些小道具有时可以派上大用场。包括扫帚和簸箕在内的清扫工具本应被收纳在顾客看不到的场所。然而，如果不得不将其置于顾客目光可及的地方，那么店方就不妨尝试使用较美观且时尚的清扫工具。举例来讲，与店铺的理念相得益彰的成套日式清扫工具或进口清洁用具也不失为店内的一道风景。

除此之外，如果餐饮店位于商业街或车站附近，那么在非营业时段里也会有众多潜在的顾客从店前经过。因此这类餐饮店的工作人员必须时刻提醒自己，即使在营业时间之外，店铺的面貌也时刻呈现于过往人群的视线之中。

从这个角度来讲，店长在即将开店时才姗姗来迟的餐饮店无疑会令顾客失望。购进食材、整理桌椅、清洁店面、布置餐桌，诸如此类的工作需要花费一定的时间。即使所需的时间因店铺的规模和烹调的内容而异，店长也至少应提前 2 ～ 3 个小时到店。这是餐饮行业的常识。

在实际情况中，如果一家餐饮店的店长在营业时间即将到来时才匆忙赶到店内并手忙脚乱地进行准备，那么这家店铺就有可能带给顾客如下的体验：店长的态度高高在上，店内的清扫马马虎虎，提供的食物多为半成品加工而成，扎啤也称不上可口，甚至连打酒器都没有进行仔细的清洁。在这样的餐饮店里，店长很可能只顾和常客谈天说地，而对在入口处等待的顾客置之不理，顾客所点的菜品更是迟迟不会被端上餐桌……

生意兴隆的餐饮店会将非营业时段也视作宣传的大好时机，并且会为此不遗余力地做好店面的清洁工作，布置好店门口或橱窗内展示的食品和酒水，并且设置广告牌或售点海报，力求全方位地呈现店铺的优势。

换言之，令人满意的餐饮店在营业时间之外也在精心地面向顾客进行准备。

令人满意的餐饮店：兼职员工在工作时乐在其中

顾客体会到的感动和员工体会到的喜悦互为表里。

对餐饮店来讲，顾客的满意度（Customer Satisfaction，CS）= 员工的满足度（Employee Satisfaction，ES）。

为此，优秀的餐饮店会在同等程度上重视顾客的满意度和员工的满足度。对店铺或企业的忠诚是员工发自内心的表现。

对餐饮店来讲，只有让员工乐在其中，其才能提供令顾客满意的服务。

不久前，日本的餐饮业存在追求低价的风潮，人们普遍以价格为重。在这一时期，家庭餐厅与大型连锁餐饮企业获得了快速成长。这些店铺采取“大量生产、大量销售”的方式，在大批采购食材的基础上压低制作成本与销售价格，并且借此实现了节约开支的目标。在当时的日本，全社会都将节约开支视为己任，餐饮行业也顺应了这一潮流。

然而，随着社会发展得更富足，消费者不再满足于与他人大同小异的消费体验。这样一来，同一品牌旗下的所有店铺都销售同样的菜品且味道差强人意的大型连锁餐饮企业便失去了对顾客的吸引力。作为结果，家庭餐厅和大型连锁餐饮店至今仍身陷苦战。

现如今，消费者的消费理念从以价格为重转向了以价值为重。这是各家餐饮店应重点把握的关键。

对消费者来讲，商品在价格低廉的基础上还需要具备各种附加价值。惬意的环境、令人放心的服务、店铺独有的美味，那些能提供此类独一无二的享受的餐饮店通常能令顾客感到心满意足。

追求他人没有之物或他人力所不及之事，这种志向在餐饮店的工作人员身上同样有所体现。员工们不再仅仅为生计而工作，而是希望在享受工作的过程中发现喜悦，并且度过有意义的人生。在工作中拥有这种追求的人与日俱增。

正因如此，我们才有必要强调“CS = ES”。对经营者来讲，今后在以餐饮店为代表的服务行业的店铺建设中，这种思维方式是不可或缺的。只有在工作中体会到喜悦之情的员工才能令顾客感到称心如意。在大幅提高顾客满意度的基础上为顾客带来快乐，顾客心中的感动便会由此而生。

由此可见，在优质服务这一主题中既包括顾客的感动，又包括员工的喜悦。

如果包含兼职员工在内的店内工作人员不能愉快地工作，那么这家店铺便难以为顾客带来快乐。与之相反，员工在工作时乐在其中的餐饮店无疑是令人满意的店铺。女性员工活泼可爱，男性员工朝气蓬勃，年长的员工和蔼可亲，在拥有此类工作人员的餐饮店里，店内快乐的气氛势必会感染每一位顾客。

令人失望的餐饮店：招牌菜品多于 3 种

拥有 3 种以上“招牌菜”的餐饮店必定会令顾客大失所望。这类店铺的菜单中会出现 3 种以上注有“本店名菜”“推荐菜品第一名”“本店首选”“人气菜品”等宣传语的菜品。

对餐饮店来讲，招牌菜品是菜单的“面孔”。而设定招牌菜品便相当于对为菜单“塑造面孔”。

为菜单塑造理想的面孔具有引导餐饮店走向兴隆的神奇效果。你之所以会在最初倾心于某家餐饮店，或许正是受到了这种效果的影响。

效益不佳的餐饮店往往不能很好地为菜单塑造面孔。这些餐饮店逐渐沦为了单纯地为顾客提供食物的店铺，并且因此陷入窘境。

通常情况下，顾客在来到一家餐饮店后会先翻看菜单。而在网上查找餐饮店时，即使人们在最初被店铺的内部装潢吸引，也依然会在参考过菜单的内容后才做出最终决定。

由于餐饮店以销售附加价值为目的，因此店方必须在制作菜单时也想方设法地对其所能提供的附加价值进行展示。

那么，菜单的面孔究竟是什么呢？对于这个问题，恐怕很多人都会不假思索地回答“经典名菜”。然而这种固有的思维方式不一定能为餐饮店带来成功。

菜单的面孔可以总结为以下两个方面：

（1）店方希望售卖的独创菜品；

（2）菜单自身的构成与给顾客的印象。

归根结底，为菜单塑造面孔的目的是实现与其他餐饮店的差异化。那么，餐饮店该如何有效地通过为菜单塑造面孔来实现差异化呢？

尽管包括经典名菜在内的招牌菜品无疑是菜单的面孔，但它们并不能代表菜单的全貌。菜单中还包括可以向顾客展现店铺形象，甚至打造店铺形象的菜品。这些菜品同样会成为菜单的面孔。

如果就内容进行举例，那么一份菜单中可能包括知名菜品、主打菜品、独创菜品、创收菜品、全能菜品和季节限定菜品等。店方要先决定如何售卖这些菜品。

店方希望售卖的菜品分别承担着向顾客展示店铺的形象、为店铺贡献收益、提高营业额及进行对外宣传的职责，这些菜品共同组成了菜单的面孔。以棒球运动为例，在竞争激烈的职业联赛中，即使某支球队第一位出场击球的选手接连将球打出并因此声名大噪，也不意味着这支球队就会成为实力强劲的热门队伍。

那么，餐饮店该如何制作能成为菜单面孔的独创菜品呢？为了做到这一点，店方需要首先明确店铺的方向。具体来讲，店方需着力思考两个方面：（1）将哪种特色作为卖点；（2）如何提升自身的独特性。

随处可见的普通菜品能带给顾客安定感。在家庭餐厅或日式套餐店中，顾客很容易将此类菜品作为一日三餐的选择。然而，当出于和朋友聚餐、与女友约会或是偶尔带父母享受美食等特别的目的到餐饮店用餐时，想必你也会希望选择菜品独具特色的店铺。

从另一个角度来讲，店方需要通过菜单清楚地向顾客展示店铺的用途。菜单包括菜品自身和所有菜品的编排（商品构成），餐饮店需要有效地对其加以利用。除此之外，店方还需重视为顾客提供与店铺的风格相符的用餐情境。这就要求餐饮店的经营者必须在明确卖点的同时紧跟潮流的主题。

在此我们要特别强调受到女性欢迎的菜品的重要性。对现如今的餐饮店来讲，如果希望生意兴隆，就必须在编排菜单的过程中考虑到女性的需求与偏好。最近，比起经济形势的变动，女性所关注的生活情境的改变会为经营者带来更大的商机。

举例来讲，如果经营者抱有“女性与酒馆无缘”的想法，那么其所经营的酒馆恐怕就难以实现盈利。现如今的餐饮店必须在为女性着想的前提下认真地对菜单设计、服务、内装设计和店内清洁等事项进行综合规划。

除了满足女性顾客的需求，餐饮店经营者还可以考虑如何吸引团块世代[①]的老人或处在育儿阶段的母亲等群体。这些都是顺应当今时代潮流的主题。经营者必须时刻对新的主题保持敏感。总之，可以利用菜单项为顾客提供某种用餐情境的餐饮店更有可能在竞争激烈的餐饮业站稳脚跟。

实际上，即使是公认的良策也无法适用于一切情况中。这是因为每一家餐饮店都与其他店铺有所不同。由此可见，没有任何一种菜品可以成为适合所有餐饮店的“万金油”。

顾客来到餐饮店用餐的动机各不相同，走进一家店铺并不一定仅仅是为了填饱肚子。如果经营者能从用餐动机的角度突出自家餐饮店的魅力，就可以有效地实现差异化。归根结底，餐饮店重要的组成部分依然是食物与饮品。

然而，对餐饮店来讲，满足所有顾客的不同需求绝非易事。在这种前提下，经营者应明确店铺的用途，突出自身的特点，提高店铺的独特性，并且在此基础上着手打造体现店铺独创性的招牌菜品。

由此可见，对一家餐饮店来讲招牌菜品扮演着重要的角色。如此说来，设置 3 种招牌菜品是否还能有效地向顾客传达它的重要性呢？

如果招牌菜品是成本率较低的创收菜品，那么仅这一道菜品就足

① 团块世代出自堺屋太一的小说《团块的世代》，指第二次世界大战后的十年间出生的一代日本人。这些人热爱工作，紧密团结在一起，在当时支撑起了日本经济的蓬勃发展。——译者注

以为餐饮店提升营业额和利润。而如果设置 3 种广受欢迎的人气菜品作为招牌菜，那么顾客点餐的绝大部分内容都会被这些菜品占据，其他菜品便会因此失去存在的意义。对某些以特色取胜的餐饮店来讲采取这种方式或许无妨，但一般的餐饮店恐怕不能如此行事。

这是因为当店方左一道右一道地向顾客推荐招牌菜并头头是道地进行讲解时，顾客往往会陷入迷茫并感到难以在菜品中做出选择。

对这类餐饮店来说，不仅菜单的重点不够突出，经营的各个环节也常常缺少条理。招牌菜品众多就意味着店方需要在各式各样的菜品上投入成本。这种缺乏平衡性的做法是经营者缺少经营头脑的表现。除此之外，菜单中存在 3 道以上的招牌菜品也意味着这些菜品不过如此，对顾客来讲不点也罢。

由此可见，如果一家餐饮店只有一道招牌菜品，那么这道菜品的性价比就会较为理想。这样的餐饮店往往能令顾客满意。

举例来讲，肉吧（一种边吃肉边喝酒的餐饮店）的牛排既是招牌菜品，又兼具吸引顾客来店的作用。鉴于这种菜品符合店铺的经营模式，为了提升店铺形象，店方会为其投入高额的成本。在招牌菜品上舍得果断投入的同时，这类餐饮店会通过其他辅助菜品来获得收益。

对顾客来讲，仅点招牌菜而不点为餐饮店贡献高额利润的酒水或其他菜品或许是比较实惠的最佳策略。

通过蔬菜判断菜品是否美味

一家餐饮店在菜品中使用的蔬菜也可以如实地反映出这家店铺的水平。

直截了当地讲，判断餐饮店美味与否的条件是蔬菜是否可口。在判断餐饮店的菜品是否美味以及店铺自身的优劣时，想必很多人都会把注意力放在牛排、寿喜烧①和刺身等主力菜品上。这是因为在他们的认知中，“美味”这一概念等同于奢华的美食。

“今天的白芦笋真新鲜”“今天菜里的粉红蒜②衬托出了食物的美味”“罗马花椰菜③意大利面的味道好极了”。通常人们不会做出诸如此类的评价，因此凭借主力菜品判断餐饮店水平的做法也无可厚非。

为什么我们要特别强调蔬菜的重要性呢？对一般的家庭主妇或以价格实惠的菜品为主的餐饮店来讲，上一段中提到的 3 种蔬菜或是不易购买，或是价格昂贵，抑或是处理起来颇费功夫。因为在一般的市

① 寿喜烧又称锄烧，是将肉及其他食材放在较浅的铁锅里进行烹调（烧烤并炖煮）的日式菜肴。其中经常使用的食材包括牛肉、大葱、白菜、茼蒿、香菇、用火烤过的豆腐、魔芋丝和面筋等，常用的调料包括酱油、砂糖和酒等。——译者注

② 粉红蒜多指受到欧盟地理标志（PGI）保护的一种大蒜。该品种的大蒜产于法国塔恩省的洛特雷克市。这种作物早在 1966 年就被法国列为品质保证的“红标签”产品。——译者注

③ 罗马花椰菜又称宝塔菜花，是十字花科芸薹属甘蓝种的变种之一，原产于地中海北部地区，是欧洲流行的菜花品种。该作物的花蕾簇生成宝塔状的花球，每簇花球形状相同，并按照特定的螺旋结构生长，给人独特的视觉冲击。——译者注

场或蔬菜商店难以买到，所以在菜品中使用这些蔬菜的餐饮店必须从蔬菜的生产者或产地的批发商手中直接购进。

与此相反，如果餐饮店希望购进品牌牛肉，那么只要不将品牌的范围限定得太窄就不难买到。即使是号称肉质世界第一的黑毛和牛肉也可以在肉店买到。

与肉类不同，蔬菜不仅品种繁多，而且上好的蔬菜并非随处可得。经常使用高价蔬菜的餐饮店既对食材有所讲究，又不惜花费功夫对菜品进行手工处理。这种做法是重视投入产出比的连锁餐饮店难以效仿的。

尽管很多人认为蔬菜是菜品的“配角”，但对配角都格外讲究的餐饮店一定不会让顾客失望。综上所述，我们可以认为美味的餐饮店会在菜品中使用可口（高价）的蔬菜。

观察员工是否给人洁净感

如第一章所讲，没有彻底做好清洁工作的店铺不值得顾客考虑。现如今，各家餐饮店都可以保持恰如其分的清洁水准。在 10 年前的日本，不少餐饮店的清洁水准都令人难以恭维，但近年来，店铺的清洁与由此产生的洁净感已经逐渐被作为基本常识渗透到餐饮行业中，因此保持店面干净整洁也成了餐饮店理所当然的要求。

那么，从清洁的角度判断一家餐饮店的优劣应该从哪些方面入手呢？值得留意的两个重点是店长的胡子和员工的鞋子。

首先，请你注意店长的胡子。如果店长是像颇有威严的法国餐厅的厨师长一般蓄有整齐的胡子倒也无妨，但如果店长留着邋遢的胡子，那么他所管理的餐饮店自然也会在菜品、店面的清洁等方方面面表现平平，不值得顾客期待。越是效益不佳的餐饮店，其店长越会因为人手不足而终日操劳。其中有一些店长既顾不上认真洗澡，也没有时间和精力来打理自己的胡子。还有些店长甚至会在店内住宿，这种无视卫生要求的态度对餐饮店来讲是绝不可取的。即使是在此类餐饮店中以极少的比例存在的一些经营尚可的店铺，其经营者或店长也可能会一味地将自己的想法强加于顾客，并且令对方感到难以相处。

其次，除了店长的胡子，请你也注意观察餐饮店的员工穿的鞋子。鞋子上存在的问题正可谓因店而异。令人感到难以置信的是，有很多餐饮店的员工在工作时所穿的是他们来上班时穿着的鞋子。还有一些餐饮店的员工会穿凉鞋工作。在设有不得穿鞋进入的隔间的餐饮店里，因为员工需要经常穿脱鞋子，所以穿凉鞋工作或许是无奈之举。但即使是在这种情况下，出于安全考虑店方也应为员工配备跟脚的凉鞋。此外，在有些装修得时尚、雅致的餐饮店里，员工脚上的鞋子与店内的氛围格格不入，以至于令顾客产生了不协调的感觉。这种状况同样屡见不鲜。

之所以会出现上述问题，是因为不同种类的鞋子尺码变化各异。

对餐饮店来讲，即使可以统一员工的制服，也难以为每位店员都准备好尺寸恰好合适的鞋子。正因如此，员工脚上的鞋子才可以原原本本地反映出餐饮店的态度。由此可见，如果一家餐饮店的员工在营业时间里穿着出行时的凉鞋或污迹斑斑的运动鞋，那么这家店铺就很有可能是令人失望的餐饮店。

归根结底，餐饮店的口碑是由顾客决定的。能令顾客满意的餐饮店一定会重视自己在顾客眼中的形象、留给顾客的印象以及顾客在店内用餐时的体验。

首先留意地面

深受顾客好评的店铺等场所的地面都非常干净。东京迪士尼乐园、日本环球影城、高级酒店、老字号旅馆以及生意兴隆的餐饮店皆是如此。我主导经营的餐饮店 Curve 隐屋的墙壁是用真正的土砌成的，因此多少会有灰尘落在地板上。鉴于这种情况，为了使地面保持清洁，员工必须每天进行擦拭，并且以每个月数次的频率为地面涂刷清漆。只要这项工作稍有怠慢，地面便会显得不够干净。而如果认真做好这项工作，那么店内的黑色地砖就总会泛出光芒并显得靓丽如新。即使同样是连锁餐饮店，地面保持洁净如新的餐饮店也会比同类店铺更受欢迎。

由此可见，清洁工作的基本在于餐饮店的地面。在美国，即使是小型的零售商店也非常重视对地面进行清扫。干净的地面能衬托出墙壁、家具及日常用品上的污渍，同时也可以提醒员工注意对店内用品进行收拾和整理。在此基础上，员工还会进一步留意展品、广告牌和工作服上是否存在污渍，甚至做到留心餐桌上的调料瓶等各种琐碎物品的清洁。

这种做法最终会使得店铺整体更为干净整洁，并且形成一种良性循环。

顺带一提，东京的迪士尼乐园会在夜间对园区的地面进行清扫，结束清扫的地面能够达到足以供婴儿爬行的洁净程度。

洗手间里需要注意的地方

1. 不应出现“请保持洗手间清洁”的提示

不少店铺的洗手间的墙壁上都贴有“请保持洗手间清洁”的提示。这是令人失望的餐饮店的典型特征。

很多餐饮店都在洗手间里随意地四处张贴介绍店铺、菜品或地域信息的售点广告，其中甚至有些店铺还会张贴招工启事。想必你也曾有过因为看到洗手间内的密密麻麻的售点广告而心生反感的经历。

如第一章所讲，洗手间始终是女性顾客关注的重点之一。正因如此，餐饮店需要对洗手间内的每一处细节都多加注意。店方应尽量避免在洗手间内张贴任何广告或提示信息，以便将其打造为清爽的空间。

话虽如此，在这一点上也存在反例。例如，某家餐饮店在洗手间内贴有“现正举办斯洛伐克红酒节”的售点广告并取得了理想的宣传效果。售点广告的最大优点是无须花费成本，并且此类广告不限尺寸，因此有助于餐饮店灵活、高效地利用空间。除此之外，由于使用洗手间的顾客会自然而然地注意到售点广告并仔细阅读，因此它也不失为一种有效的宣传方法。

由此可见，餐饮店需要解决的问题便是如何在避免引起顾客不快的前提下有效地在洗手间内设置售点广告。

售点广告的目的并非单方面地将促销内容灌输给顾客。为了实现有效的宣传目标，店方应先明确能引起顾客兴趣的重点，并且在此基础上制定投放售点广告的策略。想要做到这一点，其秘诀便是在售点广告中加入能令顾客直观地感到愉快的要素，并且在此基础上提高售点广告的说服力，以使顾客相信自己确实可以获得实惠。无论是不便在餐桌上进行宣传的内容，还是只有当顾客身处独立空间时才有可能表示出兴趣的信息，店方都可以将它们加入洗手间内的售点广告中。

单纯为了向顾客提出要求或唤起顾客的注意而设置的招贴画不仅显得枯燥乏味，甚至有可能降低洗手间的舒适度。

2. 将除臭剂或清洁剂等放置在顾客可以看到的地方

餐饮店令顾客感到不能容忍的行为之一是将除臭剂或清洁剂等物品放置在顾客可以看到的地方。这种行为充分地体现了店方懒散的态度。

顾客用不到的物品没有必要被摆在明面。在品尝美味佳肴或与同行者谈笑风生的过程中来到洗手间，映入眼帘的却是一瓶除臭剂，对部分顾客来讲，这种扫兴的经历足以颠覆餐饮店在此前为其留下的良好印象。

3. 洗手池的水龙头缺乏格调

洗手间内的纸巾架、洗手池与垃圾箱等物品最好能与店内的风格保持统一。能否在店内各处全面地统一风格体现着店方在打造店铺时的用心程度。尽管现如今各家餐饮店对此都有所意识，但多数店铺使用的水龙头却都是市面上随处可见的成品，与洗手池相比显得过于朴素。

4. 洗手间的地面在清扫后留有水渍

在第一章我们曾提到，对餐饮店来说 Q（质量）、S（服务）和 C（清洁）这三要素至关重要，人们甚至认为在这三个方面保持高水准的餐饮店会生意兴隆。在此基础上，现如今的餐饮店还需要做好 A（空间塑造）。

如果洗手间的地面在经过打扫后留有水渍，那么这家店铺的清洁工作便是不合格的。地面上未干的水渍会沾湿顾客的裤脚，这种状况会引起顾客强烈的反感。“地面上稍有些水并无大碍”的想法反映出店方疏忽大意的态度，是餐饮店工作中的大忌。

不仅地面，洗手池周围在擦拭后留下的水渍同样是店方的清洁工作不够细致入微的表现。这样的餐饮店往往难以令顾客满意。

5. 垃圾溢出垃圾箱

餐饮店是以怎样的频率对洗手间进行打扫的呢？

以晚间的营业时段为例，实际上为数众多的餐饮店都只会在开始营业前进行一次打扫，即使并非如此的店铺恐怕也不过是两三次的程度。除此之外，餐饮店通常倾向于在发现顾客使用洗手间后留下了污渍时才进行打扫。

然而这种频率是远远不够的。洗手间可能因顾客的不当使用而变得一片狼藉，垃圾满溢到垃圾箱外或是洗手池附近落有头发，诸如此类的情况屡见不鲜。因此，仅凭偶尔的打扫难以保持洗手间内的洁净与舒适。

即使不能在每位顾客使用后都进行打扫，店方也应该勤于查看洗手间的卫生状况。作为基准，餐饮店应安排员工以至少一小时两次的频率对洗手间进行检查。

餐饮店经常会将保洁排班表（登记表）贴在洗手间的门后或墙上，贴有此类登记表的店铺很可能会较频繁地进行打扫。进一步讲，如果排班表的登记频率在每小时两次或以上，那么顾客便可以判断这家店铺是令人满意的餐饮店。

而在没有保洁排班表的餐饮店里，顾客可以留意店内洗手间里的垃圾箱。如果垃圾箱内堆满了垃圾，就表明店方在营业时间里仅会对洗手间进行一两次打扫，此类店铺很可能是令人失望的餐饮店。

6. 卫生纸仅剩 1/3 左右

有时顾客会发现洗手间内的卫生纸所剩无几。很多经营者都没有意识到卫生纸是与洗手间的舒适性密切相关的重要因素。从顾客的角度来讲，剩余的卫生纸不多就表明在此前有人使用过洗手间，这很可能降低顾客的舒适感。

此外，如果顾客看到卫生纸的前端被折成了三角形，便会产生在自己使用前店方进行过打扫的印象，这同样有助于提升顾客的舒适感。不轻视卫生纸等细节，而是将其视为顾客一定会使用的物品而加以重视的餐饮店很可能是为顾客着想的令人满意的店铺。

7. 洗手间内光线昏暗

餐饮店的洗手间应注重舒适性。在第一章中，我们曾介绍过女性顾客使用洗手间的十大理由（见表 1-2）。即使仅就这份表单来讲，我们也不难发现照明是与洗手间的舒适度相关的一大重点。

补妆与换衣服在女性使用洗手间的用途中位居前列，基于这一点洗手间内昏暗的光线将不利于顾客进行这两项活动。洗手间内应尽量采用明亮的照明。最近有不少餐饮店为了配合店铺的风格而刻意在洗手间内使用了较暗淡的照明，但实际上比起氛围，女性顾客更希望店方提供便于化妆的明亮照明。

由此可见，如果一家餐饮店为了营造幽暗的氛围而降低了店内的亮度，却同时在洗手间内使用了较明亮的照明，那么这家店铺便很可能是充分考虑到女性需求的出色餐饮店。

8. 没有放置化妆包的空间

除对照明的亮度有所要求外，我们在第一章中曾提到女性顾客希望镜子前的洗手池附近留有放置化妆包的空间。鉴于化妆是女性顾客在餐饮店内使用洗手间的首要用途，她们提出这一要求也在情理之中。

因此，如果店方在洗手池附近既不容易溅到水，又不会影响顾客在镜前站立的不起眼的位置留有放置化妆包的空间，就说明这家店铺能对顾客的琐碎要求做出回应，它很可能是令人满意的餐饮店。

是否采用“纵向折扣”与“横向折扣”等优惠方法

“纵向折扣”或“横向折扣”等低价促销活动也是不可取的。所谓纵向折扣，是指限定在每周的某一天（而非每天）对商品进行打折的方式，如“周一饮料半价”等。

如果此类促销方式仅针对某一顾客群体（如女性）进行，或存在恰当的理由，那么偶尔为之或许无妨。即便如此，一旦店方降低了某件商品的价格就很难将其拉回原有水平。因此，餐饮店不应轻易地采取这种促销方式。此外，这种方式也无法为餐饮店带来明显的收益。

举例来讲，一家餐饮店通过低价促销提升了周一的营业额；但受其反作用力的影响，在没有促销活动的周二，店铺的营业额反而有所下降。就结果而言，这两天的总营业额与此前相比不会发生显著的变化。

餐饮店经营者的当务之急首先是提升周末的营业状况。如果在周末来店的顾客络绎不绝，那么餐饮店在周中的营业额自然也会随之上涨。如果餐饮店能在周末制造出座无虚席的盛况，并且借此提升店铺的口碑，就会有更多的顾客在周中到店用餐。因此对苦于周中的经营状况不佳的餐饮店来讲，在没有特殊的地域性活动的前提下，应首先着力在周末吸引更多的顾客到店。如果一家餐饮店在周末都不能为顾客提供令其满意的服务，那么这家店铺在周中也会无人问津。对此类餐饮店来讲，即使在营业状况本就堪忧的周一毫无来由地开展低价促销活动，恐怕也难以有效地吸引顾客光临。

与纵向折扣不同，所谓横向折扣是指如“截止到19:00饮料半价”的优惠形式。这种促销方式在很大程度上受店铺选址的影响，如果在对应时段内店铺门前的客流量较大，那么这种优惠活动还有可能为餐饮店带来更多的顾客；但对建在客流量较小的地区的店铺来讲，这种促销方式通常收效甚微。

横向折扣的本来目的是吸引顾客在上座率较低的时段来店，因此，如果店方希望这种方式取得成效，就必须推出格外吸引人的促销活动。而能做到这一点的餐饮店自然有能力优先采用其他战略来提升营业额。

换言之，对在用餐高峰时段店内仍有空席的餐饮店来讲，即使在上座率最低的 19:00 前的时间段里推出饮料半价的优惠活动也难有成效。与之相比，此类餐饮店的经营者应优先考虑如何在用餐高峰时段保证店内座无虚席。

综上所述，推出纵向折扣或横向折扣的店铺很可能是令人失望的餐饮店。

是否采用开放式厨房

店内的设备和构造等方面又有哪些值得注意的地方呢？

比起大堂采用封闭式设计的店铺，设有开放式厨房的餐饮店更不容易令顾客失望。

采用开放式厨房意味着时刻将厨房内的卫生状况和烹调过程展现在顾客面前，因此这种设计表明店方对自己信心十足。采用开放式厨房的店铺很可能是令人满意的餐饮店。

店内用品的管理同样反映餐厅的优劣

餐饮店需要为顾客准备各式各样的用品，例如筷子、餐巾、盐罐、盛奶壶等。

首先，将筷子统一放在筷笼或筷子盒里的店铺是令人失望的餐饮店。之所以这样讲，是因为不在餐桌上分别摆放筷子而将其一并收放是一种偷懒的做法。

在顾客离席后，店方需要收拾餐具并重新布置餐桌。后者的具体工作包括检查餐桌上的调料瓶，摆放刀叉、筷子和餐巾，补充牙签和纸巾，更换桌布以及摆放桌椅等。

使用筷笼或筷子盒是为了从中省去摆放筷子这项工作，这表明店方一味追求效率而将服务意识抛在脑后。

餐桌上的调料瓶同样可以作为关注的重点。糖和盐等调味品容易结成块，因此需要每天至少检查一次。辣酱和酱油容易在瓶口处凝结成污渍，服务员需要在顾客使用后及时擦拭。此外，如果调味品的余量不足一半，那么店方必须马上将其与备用品进行更换。

不能在此类琐碎的工作上做到精益求精的餐饮店很难烹调出美味的菜品，更不可能为顾客提供体贴的服务。

除此之外，店方还必须在下一组顾客入座前准备好适量的纸巾。此处所说的“适量”，是指补充纸巾时在纸巾架里留有约一指厚的空间。牙签的量与之同理，在牙签筒内留有能伸进一根食指的空间即可。

店方必须勤于检查此类物品，并且在余量不足时及时对其进行补充。由此可见，不能对店内用品进行妥善管理的店铺是很可能令人失望的餐饮店。

烟灰缸里留有 5 个以上的烟蒂

无论事先是否有所规定，餐饮店的大堂员工都必须随时留意需要完成的辅助性工作（打扫、整理收银台、收拾餐具、补充调料等）。

能够一丝不苟地完成各项工作的餐饮店也自然会注重在店内塑造良好的环境，这样的店铺称得上令人满意的餐饮店。

举例来讲，店方必须保证顾客的餐桌时刻处于理想的状态（杯中的饮料充足，烟灰缸内的烟蒂不超过 5 个，餐桌上不留空盘或食物残余的状态）。

餐桌上的烟灰缸里留有 5 个以上的烟蒂是店方没能彻底保障顾客的用餐环境的表现。出现这种情况的店铺很可能属于令人失望的餐饮店。

专栏
分门别类地鉴别餐饮店优劣的方法

如何辨别家庭餐厅和日式套餐店的优劣

你最常光顾的餐饮店恐怕是家庭餐厅。而在最近，功能与家庭餐厅类似的日式套餐店也不断涌现。

那么，如何辨别这类餐厅的优劣呢？

1. 首先关注沙拉和蔬菜

出于健康与均衡营养的考虑，不仅很多顾客会点沙拉，而且餐饮店也经常将沙拉与肉类或鱼类菜品组合成套餐。全家一起光顾家庭餐厅时，父母会为孩子点一份沙拉。除此之外，沙拉更是众多女性顾客的必点菜品。

沙拉可谓是家庭餐厅和日式套餐店的菜品构成中不可或缺的辅助性菜品之一。沙拉与其他菜品组合销售的比例超过 50%，是此类餐饮店中的畅销商品，人气居高不下。

然而，你是否认为家庭餐厅或连锁餐饮店里供应的沙拉不够美味呢？

我在点沙拉时习惯要求店方不放沙拉酱。结果在家庭餐厅一类的餐饮店里品尝沙拉时，我意外地发现其中的蔬菜没有丝毫味道。

与此相反，在高级日式餐厅出售的沙拉中，每种蔬菜都保留着自身的美味，与家庭餐厅提供的沙拉大相径庭。

请平时对此不太在意的读者在下次吃蔬菜时也尝试不放沙拉酱，并且仔细地品尝蔬菜的味道。

家庭餐厅出售的沙拉中的蔬菜之所以失去了原有的味道，是因为这些蔬菜被多次使用次氯酸钠清洗过。这种做法会导致蔬菜自身的美味和其中的营养成分流失殆尽。为了对此进行掩饰，店方才在沙拉中加入了口味厚重的沙拉酱。而这些沙拉酱中自然也含有大量添加剂，是专供餐饮店使用的产品。

连锁餐饮店使用的蔬菜大多是由中央厨房统一进行加工并配送的。这些洗净并切好的蔬菜被称作“鲜切蔬菜”。由于从切好到提供给顾客之间存在一定的时间间隔，为了防止这类蔬菜变质，加工者会使用次氯酸钠对其进行清洗。

通常来讲，人们认为次氯酸钠并不会对人体产生严重的影响。尽管如此，日本纯碱工业协会仍对次氯酸钠做出了如下说明：

- 腐蚀性与氢氧化钠（苛性钠）相当，与酸性溶液混合后生成次氯酸，可对皮肤及黏膜产生刺激作用，但不会引起全身中毒；
- 进入眼中会引起剧痛，如不立即清洗则将损伤眼角膜；
- 长期与皮肤接触可能会因刺激而引起皮炎或湿疹；
- 吸入氯酸钠雾气会刺激呼吸道黏膜，并且引起声音嘶哑、咽喉部灼烧感、疼痛、剧烈的咳嗽甚至肺水肿。吞服次氯酸钠会灼烧口腔、食道及胃部，引发疼痛，严重时可导致食道穿孔或胃穿孔。

看到这份说明后，即使被告知不要紧，恐怕人们也难免心生不安。

因此，如果一家餐饮店提供的沙拉中的蔬菜失去了原有的味道，并且加入了口味厚重的沙拉酱，那么这份沙拉中就很有可能使用了鲜切蔬菜。此类店铺很可能是令人失望的餐饮店。

2. 油炸类菜品的注意点

在品尝油炸食品时，如果第一口咬下去感觉面衣很硬，那么顾客就有充分的理由怀疑这道菜使用的食材是冷冻品。

为什么冷冻食材的面衣在经过油炸后会变硬呢？这是因为此类食材是在裹上面衣后才被运送到各家餐饮店的。

为了便于冷冻，这类食材的面衣由很细的面包粉制成。干燥的面包粉会大大降低食材的美味程度。

除此之外，为了让菜品显得更有分量，有些餐饮店还会为食材裹上第二层面包屑，这就会进一步导致面衣变硬。

由此可见，油炸食品的面衣很硬的餐饮店很可能是令人失望的餐饮店。

如何辨别回转寿司店的优劣

现如今，只有高档寿司店的大厨才会站在顾客面前为其捏制寿司，面向一般大众经营的寿司店已经很少提供这种服务了。大约有半数以上的年轻人不曾体验过传统的寿司店。

而在回转寿司业界，各家店铺之间的竞争也愈发激烈，并且逐渐表现出了多元化的态势。这就要求作为消费者的顾客提升自己的鉴别能力。

1. 首先尝一尝酱油

糟糕的回转寿司店使用的食材不够新鲜，并且因此使食物丧失了原有的味道。为了蒙混过关，此类餐饮店提供的寿司酱油中添加了调味料，口味较厚重。

某位餐饮店经营者曾口出豪言，表示“烤肉要泡在调料汁里吃，寿司要泡在酱油里吃”“炸猪排吃的是酱汁”。在这位顾问看来，“调料和酱汁是美食的真谛”。这种狂言恰恰反映出餐饮店所使用的并不一定都是上好的食材。这位经营者甚至曾经表示：“只要能调制出足够美味的酱汁便无须太过在意炸猪排自身的品质！”

反之，食材的品质有所保证的回转寿司店会为顾客提供口味清淡的酱油，其目的是通过酱油衬托出食材自身的鲜美。

除此之外，虽然回转寿司店很少出现这种情况，但为数众多的酒馆提供的寿司是使用抽真空包装的食材制作而成的。即使以整块鱼肉的形式配送到店，店方也会在开始营业前将其切好备用，受此影响，这类食材的美味程度自然会大打折扣。

除了酱油，请各位读者也顺便留意酱油瓶的瓶口。如果瓶口很大，酱油可以一股脑地倾倒而出，那么这家店铺提供的酱油一定口味厚重。此类餐饮店使用的食材不够新鲜，用其制成的寿司也难称美味佳肴。

2. 通过鱿鱼和寿司饭了解店铺的优劣

连锁回转寿司店不断涌现使得人们能以更低廉的价格品尝到寿司，然而与此同时，这些店铺使用的食材的品质却参差不齐。在这种情况下，顾客可以通过鱿鱼来判断食材的品质，即新鲜程度。

相信你在鱿鱼的表面看到过横纵交错的切痕。这种处理方法并非是为了提高菜品的美观程度。

鱿鱼的体表寄生有异尖线虫，为了杀死这种寄生虫，在制作生吃的菜品时厨师必须在鱿鱼的表面切出花刀。如果鱿鱼的表面没有切痕，就说明餐饮店使用的是经过冷冻的鱿鱼。考虑到最糟糕的状况，此类店铺甚至有可能是对寄生虫的存在一无所知的外行寿司店。

我从某医院院长的口中了解到，每年都会有数人因异尖线虫而导致食物中毒。对此我感到颇为意外。

判断寿司店优劣的另一个重点在于寿司饭。

无论食材多么新鲜，如果寿司饭不够可口，那么寿司的美味也会随之大打折扣。作为最基本的要求，制作寿司饭必须使用店内自制的米饭。在此基础上，淘米的方法、使用的水、煮饭的方法、添加醋的比例、熟成的方法、捏制的手法以及寿司饭与食材的搭配程度等都是寿司制作过程中不可忽视的要素，只有将它们完美地结合在一起，才能制作出美味的寿司。

有些餐饮店会事先将用寿司醋拌好的米饭冷冻起来，并在使用时进行解冻。这是令人失望的寿司店的特征。请你能以更严格的标准来评判寿司饭。

尽管回转寿司成了寿司店的主流，但如果有机会，我希望你务必光顾厨师会站在顾客面前当场进行制作的传统寿司店，以品味名副其实的寿司。

如何辨别酒馆的优劣

酒馆经常被人们用作进行商务会谈的场所（酒会）。日本的酒馆五花八门，既包括个人经营的小店，也包括大品牌的连锁店。然而，由于其中很多店铺的菜品大同小异，价格也不相上下，这就使得顾客无从判断一家酒馆的优劣。在此基础上，近年来连锁酒馆还被指出在食品安全方面存在问题。在这种情况下，人们在选择店铺时应该从何入手呢？

1. 通过有无大葱烤鸡肉串判断串烧店是否自制肉串

鸡肉和啤酒的组合可谓至尊美味。边品尝烤鸡肉串边小酌一杯，这种享受会带给人幸福感。尽管此类串烧店良莠不齐，但顾客也可以通过某些决定性的因素来判断其优劣。

首先可以关注的重点是串烧店是否提供大葱烤鸡肉串。这种在最近逐渐变得广为人知的方法在很久以前便是餐饮行业的业内常识。

实际上，经过加工的烤鸡肉串主要来源于以泰国为首的东南亚地区。当地的供应商将鸡肉切好并穿成串，之后再将其出口到日本。

在这一前提下，因为多数冷冻食品是在经过烧烤后被运送到日本的，所以这些肉串上的每一块鸡肉都会被整齐地切成相同的形状。如果一家串烧店提供了此类烤鸡肉串，就说明这家店铺很有可能使用了冷冻食品。

与之相反，自行制作肉串的串烧店需要手工将肉切成小块并穿成串，因此每块肉会形状各异。

提供大葱烤鸡肉串的店铺使用冷冻食品的可能性较低。大葱烤鸡肉串中的大葱不宜冷冻，因此店方只能自己动手穿制大葱烤鸡肉串，而不能使用冷冻食品。

由此可见，如果一家串烧店提供大葱烤鸡肉串，那么顾客便可以安全且放心地在这家店享用美食。

与之相反，如果一家串烧店不提供大葱烤鸡肉串，并且肉串上的肉无论形状和大小都如出一辙，那么这家店铺便很可能是令人失望的餐饮店。

你在点烤鸡肉串时不妨选择盐烤。加盐烤制的鸡肉串更容易让你品尝出食材自身的味道。如果盐尝起来咸度很高，就说明店方使用的是廉价的精制盐。好盐的价格颇为昂贵，因此所使用的食盐也能体现出店方的态度。

除了大葱烤鸡肉串之外，顾客还可以通过烤鸡肝来判断店铺的优劣。提供盐烤风味是店方使用的鸡肝足够新鲜的证据。鸡肝的新鲜程度会很明显地反映在味道上，因此如果一家串烧店只提供酱烤风味的烤鸡肝，就说明这家店铺所使用的鸡肝的新鲜程度得不到保证，店方甚至不得不用酱汁来进行掩饰。

除此之外，你还可以观察店方烤制肉串的过程。如果肉块没有棱角，而是整体上显得松松垮垮，就说明店方使用的鸡肉存放的时间较长，不够新鲜。新鲜的鸡肉较为紧致，因此会在外观上显得棱角分明。

鸡肉与牛肉及猪肉有所不同。牛肉和猪肉在经过一定时间的熟成后会变得更加美味，而鸡肉则是在宰杀后的 12 小时到第二天的这段时间里最可口。

2. 扎啤是需要注意的重点

扎啤是酒馆价格的指示器。这是因为扎啤是唯一一种每家店铺都会大张旗鼓地销售的相同商品，其差异仅在于生产厂商的不同。

评价扎啤的标准包括价格、量和味道这三点。

在通过价格和量对扎啤进行判断时需考虑二者的平衡。如果一杯廉价扎啤的酒量也相应地有所减少，那么这种低价就显得有名无实。以 430 毫升至 480 毫升的中杯为例，比起 430 毫升标价 430 日元的扎啤，480 毫升标价 450 日元的扎啤才称得上名副其实的实惠。然而，因为扎啤杯多采用不规则的外形设计，所以顾客很难直观地看出杯中的酒量。

不同酒馆的菜品构成通常存在明显差异，但各家店铺销售的酒水饮料却显得大同小异。无论是西式酒馆还是日式酒馆，其酒水构成中大多包括扎啤、沙瓦、鸡尾酒和红酒，区别仅在于每类饮品所占的比例不同。就鸡尾酒的调制方法而言，各家店铺也仅是将鸡尾酒素材[①]进行混合。不仅如此，由于酒水饮料是成本低廉，可以带来利润的商品，因此店方会尽量减少每杯饮品中盛装的量以提高顾客下单的次数。为了加以掩饰，店方会使用不易判断容量的杯子并在饮料中加入冰块。这种做法的另一个明显的目的是让顾客在杯中尚余少许饮料的时候就追加下单。

下面让我们谈一谈扎啤的品牌。在不考虑个人喜好的前提下，扎啤的生产厂商尤为重要。尤其是从餐饮店的角度来讲，店方在选择扎啤时会考虑其所具有的品牌效应。

在经营一家餐饮店的过程中，经营者首先需要决定的是啤酒的生产厂家。现如今的餐饮店大多遵循一家店铺仅与一家生产厂商合作的规则。在这种合作关系中，餐饮店在从限定的某一家生产厂商处购进啤酒的同时，还必须在店内出售同一厂商或同一系列厂商生产的其他酒类产品和软饮料。作为回报，生产厂家会为合作的餐饮店提供赞助。为了获得这笔赞助，餐饮店提供的酒水饮料的种类就受到了限制。

① 鸡尾酒素材是一些日本厂商推出的瓶装日式鸡尾酒调料组合。出售的酒瓶中装有苹果、生姜、咖啡等干燥的食材和方糖、肉桂等调料，仅需将日本酒倒入瓶中并冷藏一段时间即可作为日式鸡尾酒饮用。——译者注

由此可见，各家酒馆不会随意地选择啤酒的生产厂商，而是在综合考虑红酒和利口酒等其他饮料的基础上做出判断的。对于这一点，顾客应有所认识。

如果仅讨论哪家啤酒生产厂商更具人气，那么根据迄今为止的各项调查和我的经验，对女性来讲更受欢迎的是三得利麦芽啤酒，对男性来讲则是朝日啤酒。而在酒馆出售的啤酒品牌中，具有极高人气的是朝日的“超爽”啤酒。

除此之外，啤酒的味道还与保存方法和打酒的方式有关。在判断扎啤的优劣时，可以留心杯壁上是否会留下“天使之环”。在饮用扎啤的过程中，随着杯中啤酒的减少，酒杯的上部会留下泡沫形成的环。在正常情况下，喝光啤酒后杯壁上会留下三四层类似的泡沫环。然而，如果酒杯没有清洗干净，在最糟糕的情况下，杯壁上甚至不会留下这种环状的痕迹。

需要特别注意的是，如果一家餐饮店不使用海绵对啤酒杯进行手工清洗，而是使用洗碗机，那么餐具的表面就一定会留有污渍。正因为这些污渍的存在，啤酒杯上才会无法留下“天使之环”。

除了酒杯的清洁，餐饮店还应重视打酒器和酒桶的管理。店方需要对打酒器进行彻底清洁，如若不然，从中打出的啤酒就会出现异味。此外酒桶必须避光放置，并且尽量避免摇动。

酒馆的货车的载货台经常盖有苫布，这正是为了避免货物受到阳光的直射。由此可见，如果一家酒馆将酒桶随意地摆放在外，就说明这家店铺的管理存在问题。

综上所述，即使说扎啤代表着一家酒馆的态度也不为过。扎啤口味不佳的酒馆提供的菜品很可能与美味佳肴相去甚远，会令顾客大失所望。

3. 通过下酒小菜也能判断店铺的优劣

和啤酒等饮品一同提供给顾客的下酒小菜同样可以成为判断店铺优劣的标准。因为下酒小菜是店方强制提供的菜品，所以顾客会以更严格的标准对其进行评判。

在通常情况下，下酒小菜的价格在300日元左右。然而，仅在我所了解的范围内，最昂贵的下酒小菜的价格高达1200日元，其内容是一只北海道毛蟹。

对于店方来讲，对下酒小菜收取的费用相当于座位费，因此一份定价300日元的下酒小菜的成本至多不会超过100日元。因为下酒小菜创造的收入占据了餐饮店营业收入（人均客单价）的10%，所以强行提供下酒小菜并对其收取费用的做法可谓是与店铺的存亡息息相关的必要方法。

不仅如此，如果能让顾客对下酒小菜给出“这道菜真不一般”“希望能把这道可口的菜加入菜单”等诸如此类的好评，那么店铺的形象也会随之得到提升。

尽管如此，很多酒馆提供的下酒小菜都与其他店铺大同小异。你或许还遇到过下酒小菜与另一家酒馆完全相同的店铺。在这种情况下，这家酒馆提供的下酒小菜很可能是提前购进的成品。

下酒小菜是店方提供给顾客的第一份菜品，因此它同样可以对首因效应产生重大影响。店方不能抱着“区区100日元的成本难有作为”的想法轻视下酒小菜。即使顾客对下酒小菜不抱期待，也会格外注重其品质。

由此可见，以提前购进的成品充当下酒小菜的做法很可能表明了店方敷衍了事的态度，说明店方欠缺服务顾客的精神，此类店铺很可能属于令人失望的餐饮店。

4. 观察毛豆是否连枝

尽管这种判断方法或许早已广为人知，但我仍希望在此处再次说明。提供连枝毛豆的店铺没有使用冷冻毛豆，很可能是令人满意的餐饮店。

除此之外，因为春季到夏初是毛豆最美味的季节，所以只在这段时间内提供毛豆的店铺想必对食材有所讲究。而毛豆上附带的枝正是毛豆新鲜应季的证据。

反过来讲，如果一家餐饮店一年四季都为顾客提供煮毛豆，就说明这家店铺使用的是冷冻的毛豆。这样的毛豆是没有枝的。

由此可见，如果一家店铺在冬天销售煮毛豆，并且使用的毛豆上没有枝，那么这家店很可能是令人失望的餐饮店。

如何辨别拉面店的优劣

在常年备受欢迎的拉面店中，比起连锁店，个人经营的店铺明显更胜一筹。鉴于拉面店是最受顾客的喜好影响的一类餐饮店，因此我们无法一概而论地对其做出判断。尽管如此，相比而言更有可能为顾客提供美味的拉面的依然是个人经营的店铺。

拉面店所面临的经营形势非常严峻，有 90% 的店铺会在 3 年内关门停业。尽管个别生意兴隆的拉面店仅靠 8 坪[①] 的营业面积便可以获得高达 800 万日元的月收入，但大多数拉面店的月收入维持在 100 万～ 150 万日元的水准。因此，能在竞争如此激烈的业界营业 3 年以上的拉面店通常不会令顾客失望。

归根结底，为了追求味道的统一化，连锁拉面店不会手工制作高汤、叉烧肉和面条。

在走进一家拉面店后，请你尝试若无其事地观察厨房中熬汤用的大桶，借此了解这家店铺使用的高汤。有些店铺会自行熬制高汤，也有些店铺使用购买而来的成品，还有些店铺会对现成的高汤进行进一步的加工。如果餐饮店的汤桶中出现了猪的骨头或是鸡的骨架，以及大葱等食材，那么这家店铺所使用的无疑是亲自熬制的高汤，或是对成品进行过再加工的高汤。这样的拉面店是令人满意的餐饮店。

从设备和店内构造的角度来讲，因为生意兴隆的拉面店来客众多，所以吧台的座位之间留有的间隔较小。座席数是在对店铺进行装修时预先估算得到的，因此如果经营者对于店铺的经营状况没有自信，就会在最初设置较少的座席数，从结果上讲，吧台座位的空间就会显得较宽敞。拉面行业竞争激烈，即使经营者信心十足也无法轻易取得成功。在这种前提下，在开业之初就表现得信心不足的店铺不值得顾客期待。

除此之外，偶尔有一些拉面店和中餐馆会使用聚氯乙烯（PVC）材质的

① 坪是日本的面积单位，1 坪约为 3.3 平方米。

地板，此类餐饮店的地面会因油污而发黏，难以进行清洁，因此有经验的经营者不会在自己的拉面店内使用这类地板。

如何辨别咖啡厅和酒吧的优劣

只需观察冰块的形状，咖啡厅和酒吧的优劣便一目了然。使用一般的制冰机制作出的冰块多为中间有洞的正方体，这种冰块融化的速度很快，会使饮品的味道变淡。此外，冰块的形状和量的多少会影响冰块融化的方式，如果冰块不能均匀地融化，就会破坏饮料的味道。换言之，店方的态度可以通过冰块反映出来。

令人满意的酒吧会在酒水中加入球形的冰块。虽然制作球形的冰块既花费功夫又要求技术，但这种冰块不容易融化，因此自始至终都不会稀释酒的味道。制作球形冰块是一门手艺，对使用的冰锥有一定的要求，其制作过程包含着店方的心意。

除此之外，很少有店铺会定期对制冰机进行维护，这就导致制冰机内部的制冰装置存在卫生隐患，因此顾客应尽量避免在饮品中加入一般的制冰机制作的方方正正的冰块。相比而言，店方会频繁地对放置在自助饮料台的粉碎式制冰机进行维护，因此用这类制冰机制成的冰块或许更能让人放心。

如何辨别牛排店的优劣

伴随着最近的肉食热潮，越来越多的餐饮店推出了令人眼花缭乱的肉类菜品。

在传统的牛排专营店不断增加的同时，立食牛排店这种新的经营模式也应运而生。甚至在家庭餐厅里，人们也能以不足1000日元的价格品尝到上好的牛排。除了以和牛为代表的国产牛肉，利用澳洲牛肉或美洲牛肉令顾客大饱口福的店铺也不断涌现。各家餐饮店正在联手上演一场前所未有的肉食盛宴。

然而，从进货的角度来讲，高档牛肉在超市等处的售价会相应地维持在较高的水平。即使是与国产牛肉相比略逊一筹的进口牛肉，每100克的售价也会高达500日元。既然牛肉的价格居高不下，为何有些餐饮店仍能够为顾客提供低价的牛排呢?

这是因为此类餐饮店使用的牛肉是重组肉。所谓重组肉，是指用分割后剩余的肉或内脏等部位的碎肉重新定型而成的肉。简而言之，这类食材是与牛排相似的肉块。如果牛排的口感出乎意料地松软且味道清淡，那么这块牛排就有可能是用重组肉制作而成的。

分辨重组肉的方法是将牛排切开后观察其断面。肉类中存在纤维，如果断面处的纤维全部朝向同一个方向，那么这块牛排便是正常的牛排；而如果断面处的纤维纵横交错，排列毫无规律，那么这块牛排便很有可能是用重组肉制成的。

除了口感不佳，重组肉还会给食用者带来食物中毒的风险。以牛肉为例，其表面大多存在细菌，但通常只要对表面进行烹饪，这类细菌便会被消灭。然而在使用重组肉的情况下，因为其内部同样残留有细菌，所以在烹调过程中必须保证肉的内部也完全熟透，否则就会增加食物中毒的风险。

综上所述，从味道和食品安全这两个角度来讲，使用重组肉的店铺很可能是令人失望的餐饮店。

如何辨别意式餐厅的优劣

尽管意式餐厅很少使用冷冻品或成品食材，但在个别菜品上也存在例外。其中最具有代表性的便是比萨的面胚和炸米团[①]。

如果从和面开始制作比萨，那么店方就需要用到面粉搅拌器和烤制比萨用的烤炉，这不仅会增加成本，而且会占用厨房的空间。

虽然最近市面上陆续出现了价格低廉且专为烤制比萨而设计的小型燃气烤箱或电烤箱，但用它们制作的比萨和与用正宗的比萨炉烤制的比萨相比仍然存在差异。

尽管如今冷冻比萨面胚的品质有所提高，但在配送到店时面胚经常已经裂开。用这样的面胚做出的比萨面饼又薄又脆，与理想的那不勒斯比萨相去甚远。

将此作为判断标准，你也可以轻松判断一家意式餐厅是否使用了冷冻的比萨面胚。如果比萨的面饼口感松脆，那么顾客就应该对这家店铺多加小心。

与之相似，炸薯饼一类的食物同样有可能使用了冷冻的成品食材。

鉴于这是一条颇为著名的判断标准，或许有些读者对此已经有所耳闻。对炸薯饼一类的食物来讲，味道很甜的便是冷冻食品。

---

① 炸米团是意大利西西里地区和那不勒斯地区的小吃，做法是用熟米饭包裹上奶酪和调料并将其揉成直径为 3 厘米至 10 厘米的团子，之后裹上面粉、蛋液和面包糠下锅油炸。——译者注

与经常提供炸薯饼的酒馆不同，有些意大利餐厅会提供炸米团。如果顾客兴致勃勃地来到此类餐饮店品尝意式美食，店方却端上了明显使用了冷冻成品的炸米团，那么这种情况必定会令顾客大失所望。

虽然意式餐厅提供的菜品通常难以使用冷冻食材，但其中也存在炸米团这一极为罕见的例外情况。此类在制作菜品时贪图省事而使用冷冻食材的令人失望的餐饮店也不在少数。

著作权合同登记号 图字：01-2018-7744 号